MAROC

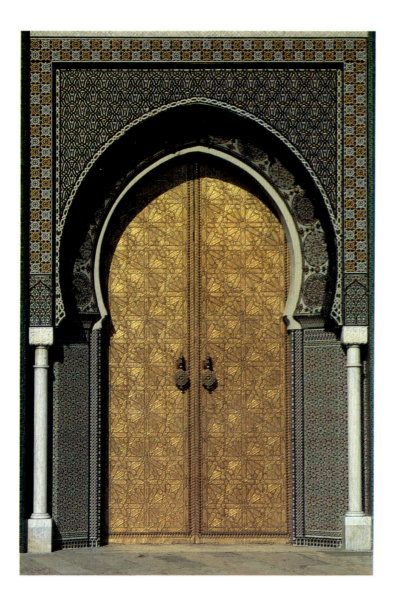

Texte original
Guido Barosio

Adaptation française
Cécile Breffort

Révision
Laurence Giaume

Secrétariat d'édition
Luc-Édouard Gonot

**Coordination
éditoriale**
Giulia Gaida
Livio Bourbon

Maquette
Michela Barbonaglia

Première édition française 2000
par Éditions Gründ, Paris
© 2000 Éditions Gründ.
pour l'édition française
ISBN : 2-7000-2566-0
Dépôt légal : septembre 2000
Édition originale 2000
par White Star S.r.l.,
sous le titre *Marocco*
© 2000 White Star S.r.l.
Photocomposition : A2L
(texte composé en Galliard)
Imprimé en Italie

Pour en savoir plus : www.grund.fr

1 L'image reproduit un détail de la somptueuse porte du palais royal de Fès. Dans chacune des cités impériales, le souverain dispose d'une résidence privée qu'il utilise au moins une fois par an. Seul le roi et sa suite ont accès à ces demeures, construites à des époques diverses mais restaurées et modernisées récemment.

2-7 Sur cette gravure de 1860, une caravane fait halte aux portes de Marrakech : « nefs du désert » et marchands ont toujours constitué un binôme étroitement lié à la représentation du Maroc.

3-6 La vallée du Dadès (sud du Haut Atlas) est également connue sous le nom de « vallée aux mille casbahs » : dans cette région, une longue suite de châteaux érigés au cours des siècles passés dessine une frontière idéale avec le Sahara.

8-9 Dominés par des taches de végétation steppique et des rochers aux couleurs contrastées, les rudes paysages du massif du Toubkal (Haut Atlas) offrent des décors fascinants dont l'homme semble absent.

9 EN HAUT À GAUCHE Seule forme de végétation spontanée dans la zone désertique du pays, les palmeraies abritent parfaitement de la chaleur étouffante de l'été les nomades et quiconque s'aventurera dans cette mer de sable.

9 EN HAUT À DROITE Aux alentours d'Agadir, la côte atlantique déploie ses majestueuses étendues sablonneuses vers l'océan. Quelques kilomètres plus loin, les plages laisseront place aux falaises et à un littoral au charme irrésistible, mais beaucoup moins hospitalier.

C omprendre le Maroc demande un effort, un effort semblable à celui de Pierre Loti. Dans l'esprit de l'écrivain, ce petit coin de terre africaine rimait avec chaleur, désert et files de chameaux. Il y trouva, en réalité, le froid, des prairies en fleurs, des montagnes et de la neige, ainsi qu'une cour raffinée où le pouvoir exerçait un charme inexorable. D'autant plus marquant qu'il s'avérait éloigné des critères occidentaux. Loti constata en personne combien le Maroc peut surprendre par ses facettes multiples, mais sans contradiction ; fruit d'une géographie territoriale et humaine composite, capable de changer en l'espace de quelques kilomètres. Une mosaïque qui s'appréhende cependant petit à petit, car elle se révèle avec lenteur : rythmes ancestraux, routes difficiles à parcourir, attentes patientes et longs silences. Ne vous laissez pas tromper par l'apparente frénésie de Casablanca, avec ses gratte-ciel et ses lumières de métropole, ou par l'élégance, ordonnée et occidentale, de certains quartiers de Rabat et de Tanger. Le Maroc a un cœur antique, qui remonte très loin en arrière. La modernité n'a pas entamé l'essence du pays : elle s'est contentée d'ajouter sans rien ôter. Aujourd'hui, les écrans des téléviseurs couleurs se reflètent dans les fenêtres des médinas ; le son des radios et des cassettes se mêle au brouhaha des marchés, et les vêtements occidentaux cohabitent, surtout dans les grandes

tionnelles. Le protectorat français et l'indépendance recouvrée ont abouti à un train de vie plus élevé. Les établissements scolaires, et même universitaires, se sont multipliés, et le Maroc se tourne actuellement vers l'avenir comme l'un des pays leaders d'Afrique du Nord. Mais il suffit de sortir des principaux centres urbains pour gravir les montagnes de l'Atlas, ou bien de visiter les villages côtiers et ceux en lisière du vaste désert pour rencontrer la véritable âme du Maroc : de silencieuses maisons blanches, des cris d'enfants, des hommes solennels occupés à leurs négoces, des femmes tatouées au *harqous*, la cérémonie du thé et le tissage des tapis selon des gestes immuables, des marchés rudimentaires aux couleurs inouïes, des arrêts d'autocars en partance pour Dieu sait où. Là, le temps semble s'être arrêté ou, dans le meilleur des cas, paraît s'écouler vraiment très doucement. Ce phénomène dérive d'une histoire ancienne et glorieuse, qui se perd dans la nuit des temps. Si la légende veut que les montagnes de l'Atlas et les prémices du Sahara aient constitué les frontières occidentales du mythique empire d'Atlantis, l'histoire évoque quant à elle les Berbères : les premiers hommes à coloniser l'Afrique du Nord-Ouest, qui représentent la souche ethnique, unique et originelle, du Maroc actuel. Une population nomade et combative, mystique et mystérieuse ; fière d'une langue parlée, aujourd'hui encore dans la plus

10 EN HAUT À GAUCHE
Au pied du Haut Atlas, à quelques kilomètres seulement de Marrakech, on peut admirer les verdoyants paysages de la vallée de l'Ourika : une région fertile au climat doux, où les premiers sites touristiques commencent à se développer.

10 EN HAUT À DROITE
Photo des traditionnelles maisons berbères d'un village de la vallée des Roses, non loin de Boumalne. La présence de l'oued Dadès y a favorisé l'agriculture et la création de nombreux habitats, souvent protégés par des forteresses d'une beauté austère.

10-11 L'oued Ouarzazate sépare la steppe de la ville du même nom, où se dresse la casbah de Taourirt. Le Maroc abrite de nombreux villages fortifiés, souvent ceints d'épaisses murailles, témoignage d'un passé où les puissantes autonomies locales se sont souvent heurtées au pouvoir impérial.

11 À DROITE EN HAUT
Sur le plateau de l'Oukaïmeden, les neiges – fondues depuis peu – laissent place à de vastes prairies tout à fait semblables aux pâturages alpins d'Europe. Quelques heures de route suffisent néanmoins pour rencontrer les premières dunes du Sahara.

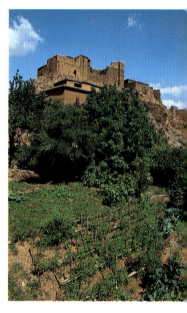

côte atlantique et méditerranéenne, mais aussi l'Espagne, le Portugal, jusqu'aux bords de l'Afrique noire. Stratégiquement situé à la frontière de deux continents, le Maroc diffusa l'idéal d'un empire berbère et islamique, fusion parfaite entre ce qu'il y avait de plus ancien dans la région et la foi en un Dieu unique, maître de tous les peuples depuis l'Atlantique jusqu'à l'océan Indien. Ces événements impétueux nourrirent une civilisation extrêmement raffinée, habile aux arts et aux sciences. Avec ses superbes cités impériales, le Maroc d'aujourd'hui reflète encore les splendeurs d'une époque qui mêlait éléments arabes et architectures hispano-mauresques d'une fantaisie inégalée. Des générations d'architectes et d'artisans, d'esclaves et de charpentiers concrétisèrent les rêves des califes en édifiant, puis en décorant, palais et mosquées, demeures royales et jardins. Seule une pénétration économique progressive des Français et des Espagnols, alliée à une instabilité politique sans doute inhérente aux coutumes berbères, provoqua une crise du système. À partir du XIXᵉ siècle, le Maroc perdit peu à peu sa liberté et son autonomie pour entrer dans la phase la plus obscure de son histoire. Mais, exemple unique dans le panorama historique du continent africain, le pays conserva toujours une certaine indépendance. En 1955, sous le règne de Mohammed V, la monarchie reprit pleinement le contrôle de la situation et apparaît de nos jours plus solide que jamais, grâce à l'œuvre de Hassan II : seule force apte à garantir au Maroc un avenir sans cahots. Faisant preuve d'une remarquable habileté pour échapper aux crises et aux attentats, ce monarque a réussi à maintenir un subtil équilibre entre modernité et tradition, en rejetant à la fois le capitalisme le plus vorace et l'extrémisme religieux qui ensanglante l'Algérie voisine. Les espoirs de stabilité reposent maintenant sur son héritier : Mohammed VI.

Si l'histoire du Maroc fascine et captive, sa géographie étonne profondément et son paysage ne laisse personne insensible.

pillards, les Berbères surent traiter avec tous en restant eux-mêmes. Les Phéniciens colonisèrent la côte, mais très peu l'intérieur des terres, et leur influence s'exerça principalement dans le domaine commercial et religieux. Avec la destruction de Carthage et la conquête de la Mauritanie, les implantations romaines commencèrent à prospérer. Ces nouveaux maîtres avaient essentiellement pour objectif de s'assurer le contrôle militaire de la côte et d'entretenir de bonnes relations avec les habitants de l'arrière-pays. On vit ainsi apparaître une population romano-berbère, qui anima les centres de Cotta, Tamuda, Lixus et, surtout, Volubilis. Cette magnifique cité préservée par le temps constitue à l'heure actuelle l'un des plus beaux sites archéologiques d'Afrique du Nord. Ces événements historiques touchèrent néanmoins très peu les tribus de l'intérieur. Les Berbères, en revanche, subirent beaucoup plus fortement l'invasion arabe et l'avènement de l'islam. Une révolution militaire, sociale et religieuse qui, en n'affectant pratiquement pas la pureté ethnique de la population, marqua son destin d'une empreinte indélébile. Les pasteurs nomades et anarchistes devinrent d'invincibles guerriers ; ils formèrent des armées au nom du Coran, conquirent des royaumes et des villes pour ensuite les perdre, tout aussi rapidement, comme emportés par une tempête dans le désert. Les dynasties se succédèrent et les guerres s'enchaînèrent : des conflits qui embrasèrent la

11 À DROITE EN BAS
Véritables citadelles érigées au cours des siècles passés sur l'ordre des sultans locaux, les casbahs se caractérisent par des éléments architecturaux communs : de hauts remparts et des maisons flanquées de tours.

oublier la forêt de la Mamora, avec ses 55 000 hectares de chênes-lièges. Une flore d'une extraordinaire richesse, qui bénéficie d'un climat doux où les vents sahariens croisent ceux, plus tempérés, voire carrément froids, en provenance d'Europe. Et puis, il y a la mer, avec ses deux fronts : la Méditerranée, caractérisée par ses ports et son trafic, mais aussi par ses montagnes que l'on croirait plongées au milieu des flots ; et la côte atlantique, où les falaises rongées par l'océan s'ouvrent pour accueillir les grandes plages d'Agadir. La main de l'homme semble avoir bien concurrencé la variété du paysage.

Ce pays offre une variété de panoramas à couper le souffle. Le désert respire l'infini et vient buter contre les pentes de l'Atlas, dont les plus hautes cimes sont saupoudrées de neiges éternelles. Si les dunes du Sahara paraissent inviolables, avec les montée et descente de collines en mouvement perpétuel, les rudes contreforts montagneux évoquent des configurations lunaires, avec des pics et des vallées où l'homme semble n'avoir jamais posé le pied. Ces décors sont tellement inquiétants que George Lucas les utilisa pour sa *Guerre des Étoiles*, en entraînant le Maroc dans les galaxies d'une aventure cinématographique que quelques années seulement séparent de *Marrakech Express*, de Gillies Mackinnon. Autre metteur en scène, autre vision d'un pays qui paraît fait exprès pour la caméra et ses artistes. Mais quand le désert lâche prise, quand les montagnes descendent vers la Méditerranée, les immenses étendues sauvages donnent l'impression de se convertir à une douceur infinie : forêts de cèdres sur plus de 74 000 hectares, pâturages vert émeraude, bois d'arganiers, cades, pistachiers de l'Atlas, sans

Les ports de Tanger et de Casablanca racontent des histoires de commerçants et d'aventuriers, de poètes et de pauvres diables. Rabat et Meknès traduisent la solennité du pouvoir et de la foi par la beauté des casbahs et le silence émouvant des nécropoles. Fès ensorcelle et étourdit par l'enchevêtrement de sa médina, où toute la fantaisie de l'homme paraît s'être muée en architecture. Porte du désert et passage vers les cimes de l'Atlas, Marrakech constitue enfin la plus africaine des villes marocaines. Dans les fumées et le brouhaha de son marché, entre les rites et les activités commerciales, le visiteur découvre la véritable âme du pays et, au cas où il l'aurait perdue, la sienne aussi. Comment s'étonner alors de l'attrait que le Maroc, plus que n'importe quelle autre contrée nord-africaine, exerce depuis toujours sur la culture occidentale ? Pierre Loti, Le Clézio, Saint-Exupéry, Paul Bowles, Eugène Delacroix, Tennessee Williams, Jean Genet, Paul Morand, mais également Bernardo Bertolucci et Gabriele Salvatores, ont été charmés, et parfois envoûtés, par les parfums et la population, les silences et les immenses décors naturels de ce pays aux mille couleurs. Le Maroc : hier comme aujourd'hui, royaume du soleil embrassé par deux mers.

13

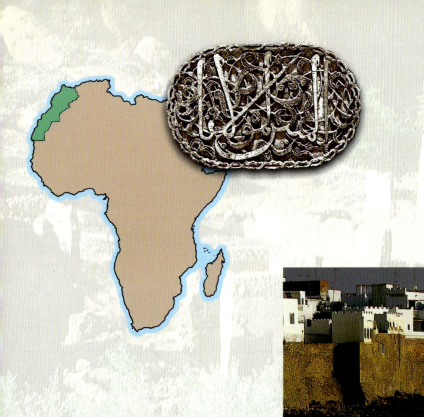

Verts palmiers dattiers du Sahara marocain

La médina et les fortifications d'Asilah

Floraison sur le plateau de l'Oukaïmeden

La casbah d'Aït-Arbi, dans la vallée du Dadès

Le battage dans un village berbère

Paysage rifain, près de Chaouen

Espagne

Mer Méditerranée

Tanger
Ceuta
Tétouan
Larach
Chefchaouen
Rif
Forêt de la Mamora
Volubilis
Rabat
Fès
Moyen Atlas
Meknès

Casablance
El-Jadid

Océan Atlantique

Marrakech
Haut Atlas
Erfoud
Telouèt
Essaouira
Tizi-n-Tichka
Dadès
Rissani
Djebel Toubkal ▲
Ouarzazate
Agad
Taroudannt
Zagora
Todra
Sous
Tafraoute
Anti-Atlas

Algérie

Iles Canaries

Tarfaya
Dráa

Smara

Boujdour

Dakhla

Sahara Occidental

Mauritanie

16-17 Le palais
El-Badî, édifié
sur l'ordre d'Ahmed
el-Mansour, le
victorieux souverain
de la bataille
des Trois Rois qui
mourut avant son
achèvement complet.
Ses ruines grandioses
accueillent chaque
été le Festival du
folklore marocain.

18-19
Continuellement
modelées par la force
des vents, les hautes
dunes de Merzouga
marquent le début
de l'immense étendue
de sable qui gagne
la frontière et
qui s'étire sur
des centaines
de kilomètres en
territoire algérien.

GLOIRE ET BATAILLES
D'UN EMPIRE AFRICAIN

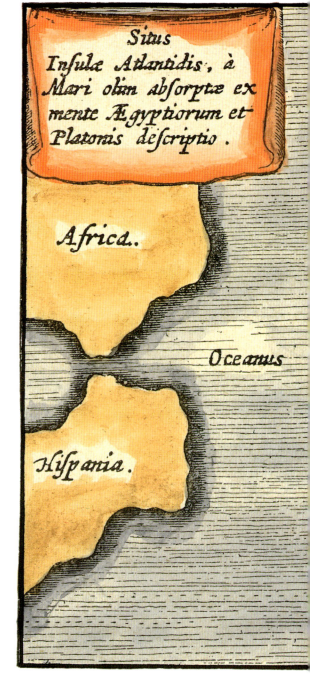

Conquêtes précaires et empires éminemment puissants, dynasties royales et pirates, colonisateurs et tribus nomades. L'histoire du Maroc exerce un charme issu de sa géographie, de son extraordinaire position de « terre-frontière » : pont entre l'Afrique et l'Europe, entre l'Islam et le Maghreb. La côte méditerranéenne fait face à l'Espagne, qu'elle touche presque entre Ceuta et Gibraltar, tandis que la côte atlantique descend bien au-dessous du tropique du Cancer. Le pays se situe à la limite de l'océan, mais aussi du désert. Ce désert partagé, sur la carte de géographie uniquement, par une ligne marquant la fin de l'Algérie et le début du Maroc plutôt que de la Mauritanie. Mais entre la mer et les sables, les montagnes se dressent pour former l'Anti-Atlas, le Moyen Atlas et le Haut Atlas : cimes, vallées et gorges à perte de vue, autres variantes d'un paysage infiniment complexe. Cela donne un pays impossible à contrôler entièrement, car riche en barrières et en abris naturels qui sont autant de refuges inaccessibles et de voies de fuite. L'histoire marocaine reflète une idée directrice : la volonté, bien souvent frustrée, d'assujettir l'arrière-pays et ses tribus aux gouvernements de la côte, plus orthodoxes, mieux structurés, toujours en conflit avec l'anarchie organisée des Berbères, pasteurs et guerriers nomades, turbulents de nature et rebelles par tradition. Aujourd'hui encore, cette opposition se retrouve dans les dénominations géographiques. La partie centrale du pays, la plus proche de la côte et des

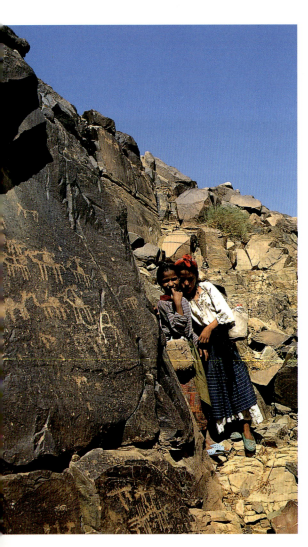

grandes villes impériales, s'appelle *bled el-makhzen* (pays soumis au pouvoir central), tandis que les régions désertiques et montagneuses sont connues sous le nom de *bled es-siba* (pays de la dissidence). L'histoire du Maroc prend sa source dans la légende. On raconte que l'Atlantide, le mythique continent disparu, était rattaché à l'actuelle côte océanique et que les ancêtres des populations berbères seraient arrivés justement de cette contrée mystérieuse. On a une certitude : la présence des premiers hominidés au Maroc remonte à 800 000 ans, comme en témoignent les pièces archéologiques de Casablanca, presque certainement les plus anciennes d'Afrique du Nord. En 5000 av. J.-C.,

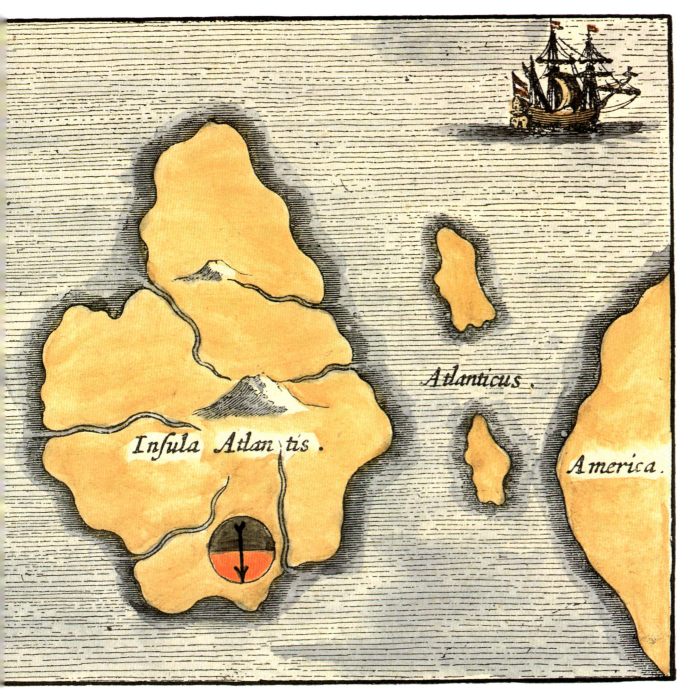

20 Gravures rupestres datant de 7000 ans, qui reproduisent des scènes de chasse dont les Berbères, les premiers habitants de l'Atlas, sont les protagonistes. À l'époque, une grande partie du territoire désertique et rocheux du Maroc était couverte de bois, de forêts et de savanes.

20-21 Carte d'Athanasius Kircher (1664) représentant l'île d'Atlantide : la terre légendaire, engloutie ensuite par un cataclysme, qui se serait trouvée au large des côtes africaines. Le mythe veut qu'elle ait constitué la première patrie des Berbères.

le Sahara était encore une savane verdoyante, peuplée de zèbres et de girafes, d'éléphants, d'hippopotames et de rhinocéros. De nombreuses gravures rupestres du Haut Atlas figurent aussi bien les animaux que les indigènes en train de les chasser. Mais qui étaient ces premiers et mystérieux habitants ? Sans nul doute les Berbères, baptisés aussi Mauritaniens, les anciens maîtres du nord-ouest de l'Afrique. La véritable énigme concerne plutôt leur origine. Si l'on exclut l'hypothèse, séduisante mais dépourvue de preuves, du « berceau atlantidien », il faut se résigner à la théorie de l'« unification ethnique » entre des tribus d'aires géographiques diverses, souvent très éloignées. Cela expli-

querait la langue commune et l'écriture identique ; l'existence simultanée d'individus au teint clair, voire aux yeux bleus, et d'autres à la peau très foncée, associée de surcroît à des traits somatiques de type éthiopien, qui forgeront le cours tumultueux de l'histoire marocaine. Difficiles à contrôler car constamment en mouvement, toujours occupés à suivre le troupeau, le gibier ou les caravanes à piller, ils entretiendront un rapport particulier, exclusif, avec le territoire. Déserts et montagnes constitueront des décors idéaux pour s'embusquer ou se cacher, ainsi qu'une barrière infranchissable pour les ennemis et un abri sûr pour les troupeaux et les camps de toile. Mais les Berbères survi-

vront aussi grâce à une prédisposition innée au compromis. Alliés de tous, et jamais soumis à quiconque, ils concluent des accords avec chacune des grandes civilisations de la côte. On assiste à des répartitions de rôles et de zones d'influence, mais également à des mariages ethniques. La souche originelle se dilue ainsi au fil des siècles en produisant des civilisations mixtes, des races en voie de développement. Aujourd'hui, il ne reste pas grand-chose des anciens Berbères ; la pureté ethnique initiale a probablement disparu pour toujours. Mais l'histoire du Maroc leur doit sa turbulence naturelle. C'est comme si l'esprit nomade, absorbé par d'autres groupes dominants, avait pris sa revanche

22 Ce moulage
d'un détail de
la colonne Trajane,
conservé au musée
de la Civilisation
romaine (Rome),
représente la cavalerie
mauritanienne.
À l'époque de

la domination
carthaginoise, la
Mauritanie était
un État indépendant
de l'arrière-pays,
qui deviendra
dans un deuxième
temps seulement un
protectorat romain.

dans l'instabilité de l'ordre établi. Le vent du Sahara et l'âme de son peuple conférèrent un aspect fragile et provisoire aux grandes victoires des Phéniciens et des Romains, des Arabes et des Français. Partant de terres lointaines, ces populations et ces empires tentèrent à plusieurs reprises de créer au Maroc le plus important royaume d'Afrique du Nord. L'histoire débute

par la présence des Carthaginois sur les côtes méditerranéennes. Les premières colonies phéniciennes remontent à 1100 av. J.-C. et portent les noms de Rusaddir (aujourd'hui Melilla) et de Liks (rebaptisée ensuite Lixus). Créés par de grands navigateurs peu enclins à pénétrer à l'intérieur des terres, ces sites côtiers constituent une bonne base pour des activités commerciales et des

contacts avec les tribus locales. Entre accords et razzias, il se forme une zone d'échanges et de négoce utile aux Phéniciens (l'arrière-pays fournit les vivres pour les villes et les expéditions navales), mais tout aussi intéressante pour les nomades qui achètent des objets et des produits ouvragés. La présence phénicienne prend fin en 146 av. J.-C., avec la troisième guerre punique et la destruction de Carthage. Les relations entre les nouveaux maîtres de la côte et les Berbères s'établissent sur le modèle des précédentes : comptoirs côtiers, échanges commerciaux, aires d'influence opportunément séparées. Mais la structure de l'État romain, et la vision politique elle-même, s'avère bien plus organisée. La situation évolue donc durant les cinquante dernières années du siècle. On assiste à une expansion vers l'intérieur des terres, rendue indispensable par les incursions constantes de pillards nord-africains en Tunisie, alors une province d'Afrique très fidèle à Rome. Toute la bande septentrionale du continent, depuis le Maroc jusqu'à l'Égypte, est assujettie et militarisée. Une frontière ininterrompue (limes) se constitue dans un double objectif: protéger des terres agricoles d'une grande

24 À GAUCHE
L'éphèbe couronné de lierre : splendide bronze datant du début de l'époque impériale, dont la facture provinciale n'entame en rien la qualité plastique et le raffinement des détails.

24 À DROITE
et 25 À GAUCHE
Ces deux bronzes mis au jour à Volubilis représentent les acrobates qui animaient les fêtes de la capitale mauritanienne. À l'instar des principales pièces des sites préhistoriques et préromains du Maroc, ces objets sont conservés au Musée archéologique de Rabat.

25 À DROITE
Ce bronze aux formes singulières est connu sous le nom de « Chien de Volubilis ».

L'œuvre, qui mesure 62 cm de long et 35,2 cm de haut, date du IIᵉ siècle. Cette période marqua

l'apogée d'une ville où le commerce florissant favorisa le développement des arts.

24

fertilité et garantir la sécurité des florissantes cités de la côte.

Le processus de romanisation se traduit par l'apparition d'un royaume mauritanien mixte s'étendant de l'Algérie au Maroc, qu'Auguste confie au prince berbère Juba II. Il s'agit d'une formule bien connue de l'Empire : on assure une large autonomie à l'État local en échange du contrôle militaire des frontières et du paiement de taxes et de tributs. Mais quand Caligula ordonne l'assassinat de Ptolémée (40 apr. J.-C.), fils de Juba II, les Berbères se révoltent et obligent Rome à entreprendre une lourde intervention militaire. L'empereur Claude réussit à coloniser définitivement la zone en la divisant en deux provinces : la Mauritanie Césarienne, à l'ouest, et la Mauritanie Tingitane, à l'est. Cette dernière occupait une bonne partie de l'actuel territoire marocain et avait pour capitales Tingis (aujourd'hui Tanger) et Volubilis. Ces provinces approvisionnaient la mère patrie en céréales et en pourpre, une matière colorante spécialement produite dans l'île de Mogador, au large d'Essaouira. Selon la légende, la pourpre, justement, serait responsable de l'assassinat de Ptolémée :

nul ne sait dans quelle mesure le fils de Juba II ignorait, quand il se présenta devant Caligula avec une tunique de cette couleur, que cette tenue était exclusivement réservée aux empereurs. L'affront constitua probablement un prétexte idéal pour éliminer un prince d'une telle désinvolture. La vie civile prospère nettement dans le Maroc romain, même si les us et coutumes de l'Empire se limitent essentiellement aux principaux centres : la splendide Volubilis, mais aussi Lixus, Cotta, Tamuda, Tingis, Sala et Banasa. Dans le reste des provinces, l'existence des tribus enregistre un seul changement substantiel : d'une civilisation foncièrement nomade, basée sur l'élevage des moutons, on passe à un rapport plus étroit avec la terre et à une activité liée à l'agriculture. Conséquence en outre non négligeable de la contamination ethnique, les religions monothéistes de l'aire méditerranéenne s'affirment de manière prépondérante. Le vieil esprit nomade, et donc fondamentalement anarchiste et individualiste, conduit cependant les populations locales à accepter non seulement les nouvelles fois, mais aussi toutes leurs variantes possibles.

Ce phénomène s'avère particulièrement évident pour le christianisme, qui remporte un grand succès mais que chaque tribu interprète à sa façon. Schismes et sectes trouvent un écho remarquable ; au début du IVᵉ siècle, en particulier, le schisme donatiste revêt presque les caractères d'une religion nationale. Nous voilà ainsi parvenus au terme de la longue parenthèse romaine. Dès la fin du IIIᵉ siècle, la partie méridionale du pays a quasiment perdu tout contact avec l'Empire, et en 429, le passage des Vandales sonne le glas de la Mauritanie Tingitane. Il s'ensuit une période de troubles qui placent le Maroc sous le contrôle, tout d'abord, de communautés mêlant Vandales, Berbères et Romains puis, accessoirement, de Byzance et, pour finir, sous l'influence beaucoup plus prononcée des chameliers berbères. Connus sous le nom de Zenata, ces derniers instaurent une sorte d'État confédéral, aux frontières et aux règles très approximatives. Son autorité sera de courte durée, car un grand tournant s'annonce : les Arabes effectuent une percée à l'est et introduisent l'islam au Maroc. Cette conquête militaire et religieuse se heurte à une résistance notable. Les tribus berbères font preuve d'une cohésion inattendue ; une vaste coalition menée par la mythique princesse Kahina, la « prêtresse », se forme et les envahisseurs doivent lutter âprement pour avoir raison d'un peuple fier et combatif, difficile à déloger d'un territoire qu'il connaît parfaitement. Intervenant par vagues successives, l'invasion islamique plie néanmoins toute résistance. En 682, les Arabes d'Oqba ben Nafi pénètrent pour la première fois sur le sol marocain ; en 702, la confédération des Zenata est définitivement vaincue et en 708, Moussa ibn Noceir assujettit le pays au pouvoir de Damas. En 711, Tarik ibn Ziyad débarque à Gibraltar et entame la conquête de l'Espagne. L'irruption de la nouvelle religion revêt cependant plus d'importance encore que l'arrivée des armées. Si, d'un côté, l'islam aboutit à une conception inédite de la foi et de la vie civile, parallèlement, il renforce les ferments nationalistes des populations locales d'origine berbère. Ce sentiment se consolide grâce au kharidjisme : une doctrine religieuse qui considère l'autorité politique comme une émanation directe du divin. Le pouvoir appartient aux meilleurs, indépendamment de leur ethnie et de leur statut social, et les meilleurs sont reconnus comme tels par la masse des croyants. Une façon de concevoir

26 Planisphère datant de la dynastie des Almohades, époque à laquelle les sciences (géographie incluse) connurent un formidable essor.

On réalisa pour la première fois des instruments aptes à mesurer le territoire, au profit évident de l'administration politique et militaire.

la foi qui remporte l'adhésion des Berbères, convaincus de leur suprématie à la
fois militaire et religieuse. Issu de Bagdad et d'Égypte, le pouvoir islamique
garantit par ailleurs une stabilité éphémère, qui excède rarement une ou deux
générations de souverains. L'étendue
démesurée du territoire soumis favorise
cette succession d'empires, de guerres
et de conquêtes. Impossible à contrôler
militairement, la zone en question ne
représente qu'un empire potentiel où
les armées mettent des mois, voire des
années, pour se déplacer d'un pays à
l'autre. De l'Asie à l'Atlantique, l'unité
politique demeurera toujours une chi-
mère. Dans ce contexte, l'orgueil du
peuple marocain, son habileté au combat, alliés à la richesse agricole du pays,
ne tardent pas à peser lourd sur le plan
politique en donnant naissance à une série de dynasties puissantes et prestigieuses. Les royaumes berbères jouent
un rôle déterminant du point de vue
tant militaire qu'artistique et architectural dans la conquête même de l'Espagne, l'expansion européenne la plus
achevée de l'Islam.

27 À GAUCHE
En 429, les hordes des
Vandales guidées par
Genséric envahirent
l'Afrique du Nord,
en mettant ainsi fin
au contrôle romain
de la Mauritanie
Tingitane. Leur
domination s'avéra
de courte durée et
se fragmenta en 477,
à la mort du roi.

27 À DROITE
Cette lithographie
de Theodor
Hosemann (1847)
figure Tarik ibn
Ziyad. De religion
musulmane, le chef
berbère débarqua
à Gibraltar en 711

et entama
la conquête
de l'Espagne ;
au même moment,
l'islamisation du
Maroc rencontrait
bon nombre
de difficultés
et de résistances.

En 772, le pays passe sous le joug des Abbassides, une dynastie fidèle à Bagdad qu'une guerre perdue contre les Omeyyades conduit dans la région. Leur hégémonie sera éphémère, car l'une des plus éminentes figures de l'histoire marocaine se profile à l'horizon : Moulay Idriss. Se proclamant le successeur direct de Mahomet, il devient le chef des tribus berbères du Nord-Ouest et prend le pouvoir en 788. Il crée le plus vaste État unitaire qui ait jamais existé jusqu'alors, mais périt victime d'une conjuration ordonnée par le calife abbasside Haroun al-Rachid. Son fils, Idriss II, monte alors sur le trône et agrandit encore le royaume en fixant la capitale à Fès. À sa mort, le pays est partagé entre les héritiers et jusqu'à la dynastie des Almoravides, toute tentative de réunification du Maroc échoue au milieu des guerres, des révoltes et des soudaines

28 À GAUCHE
Ibn Batouta, géographe et explorateur marocain, lors d'un voyage en Égypte. Son amour des explorations et de l'aventure le conduisit en Afrique orientale, en Inde, aux Maldives et dans les ports de Chine, pays qu'il décrivit en détail.

28 À DROITE
Pièce d'or frappée à l'époque des Almohades. Sous le règne de cette dynastie, le Maroc atteignit le sommet de son expansion en englobant la Libye, la Tunisie, l'Algérie et une partie de l'Espagne.

29 Cette miniature, qui reproduit un chamelier marocain, remonte au XIIIe siècle. On enregistre alors un considérable essor commercial et une extraordinaire floraison artistique, cependant que les villes deviennent des centres culturels où l'esprit arabe opère une fusion idéale avec le raffinement espagnol.

occupations omeyyades et tunisiennes. La nouvelle unité du pays viendra de loin, et plus précisément du Sahara occidental, entre le Sénégal et le Niger. Là, les tribus Sanhaja, qui suivent les principes du théologien Ibn Yâssine, rassemblent leurs troupes dans des couvents fortifiés (*ribat*), où la pratique religieuse va de pair avec l'exercice des armes. Puisant sa force dans ce mouvement islamique orthodoxe, la dynastie des Almoravides se rend maître de l'État africain du Ghana, avant de reconquérir le Maroc. Une nouvelle capitale est même fondée : Marrakech, la ville qui donnera son nom au pays. Indomptables guerriers portés par la vague du succès, les Almoravides franchissent le détroit de Gibraltar, écrasent l'armée d'Alphonse VI et conquièrent l'Espagne. Au terme de ces opérations, le royaume de Youssef ben Tachfine est l'un des plus vastes du monde occidental. Un empire fondé sur la rigueur religieuse, trempée par la vie dans le désert, apparemment inattaquable. Mais les délices de la cour espagnole mineront la dynastie, que l'arrivée d'une nouvelle orthodoxie finira par effacer.

La révolte s'enflamme aux paroles d'Ibn Toumert, apôtre du soufisme et leader des tribus berbères Masmouda du Haut Atlas, rivales traditionnelles des Sanhaja. Se proclamant *mahdi*, envoyé de Dieu, il prêche le refus des richesses et de la vie aisée, l'ascétisme et la quête d'une relation directe avec le monde transcendant. Si Ibn Toumert se trouve à l'origine de tout l'appareil idéologique de la dynastie almohade, c'est son héritier, Abd el-Moumen, qui balayera les Almoravides du Maroc.

Habile stratège, il s'empare de Marrakech en 1147. Yacoub el-Mansour («le Victorieux») lui succède. Vainqueur des Espagnols et des Portugais à Alarcos, il édifie le plus grand Empire marocain de l'histoire : un royaume immense allant de l'Europe à la Libye, modèle d'administration et formidable creuset d'art et d'architecture. Les Almohades surent conjuguer l'extrémisme religieux des tribus berbères avec le meilleur du système administratif arabe en Espagne. Ils inaugurent le makhzen, un gouvernement centralisé d'une remarquable efficacité, et entament une entreprise sans précédent : le mesurage du territoire nord-africain tout entier. Cette opération améliore la perception des tributs, rationalise l'agriculture, permet de financer une extraordinaire machine de guerre et lutte

efficacement contre la tendance des tribus à morceler le territoire. Ce véritable «âge d'or» favorise par ailleurs l'épanouissement de la philosophie, comme en témoignent les œuvres du médecin, juriste et brillant penseur Averroès, mais aussi de la médecine, de la botanique, de la géographie, de la musique et de la poésie. On peut à juste titre parler d'une «école maghrébine» face à des auteurs comme Abou Hamid al-Gharnati, Ibn Jubair et l'incroyable écrivain-voyageur Ibn Batouta, le Marco Polo des Almohades. L'architecture hispano-mauresque déploie tout son potentiel expressif en rapport étroit avec l'art décoratif. On voit ainsi apparaître des chefs-d'œuvre incomparables : les mosquées de Marrakech, Taza et Tin-Mal, sans oublier la tour Hassan de Rabat.

Malgré les résultats obtenus dans chaque domaine, la dynastie almohade ne
remporte que des succès partiels et
éphémères contre l'ancien esprit rebelle
des tribus berbères. La propension à
former des factions se manifeste dès les
premiers signes de désagrégation de
l'empire et s'accentue avec le passage
du pouvoir des Almohades aux Mérinides. Originaire des territoires situés
au sud de Fès, cette dynastie berbère
conquiert le pays entre 1216 et 1269.
Sous son règne, les arts poursuivent
leur essor et l'architecture multiplie
même ses secteurs d'intervention avec
la réalisation de fontaines, de bains
turcs, de caravansérails et de ponts,
mais surtout de nécropoles et de médersas, de superbes écoles islamiques
destinées à former la classe dirigeante
laïque et religieuse. Tous ces édifices
ont pour but de célébrer la grandeur

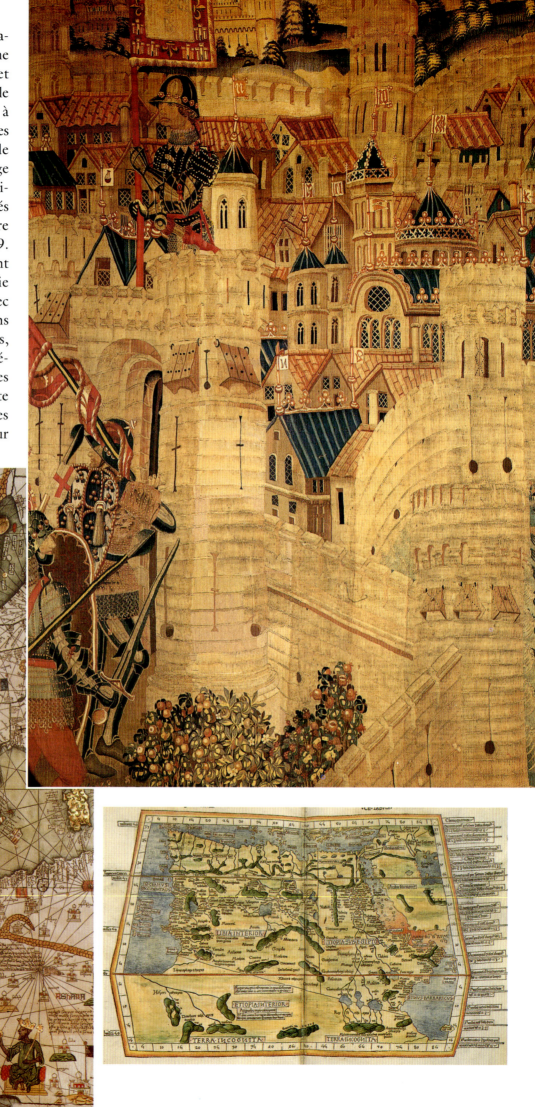

un pays européen étend ses possessions en terre marocaine. En 1492, Grenade capitule et la péninsule Ibérique redevient entièrement catholique. C'est la fin d'une époque. Ne parvenant pas à maintenir l'empire uni, les Mérinides se retrouvent pris entre deux feux : la révolte des tribus de l'arrière-pays, attisées par la floraison de nombreuses

30 EN BAS À DROITE
Sur cette carte de l'Afrique, extraite de la Cosmographie de Ptolémée (1486), la zone la plus septentrionale du continent regorge d'indications, tandis que la bande méridionale est désignée sous le terme de «terra incognita».

30 EN BAS À GAUCHE
Cette magnifique carte de l'Europe et de l'Afrique du Nord, qu'Abraham Cresques réalisa en 1381 pour le roi de France Charles V, se trouve actuellement au British Museum. La cartographie de l'époque figurait le Maroc comme le trait d'union idéal entre les deux continents.

d'une civilisation à travers la gloire de ses souverains. La splendide nécropole de Chellah, sommet de l'art mérinide que l'on doit à Abou el-Hassan, le plus grand constructeur du XIVᵉ siècle, revêt de ce point de vue un caractère emblématique. Sur le plan politique et militaire, cependant, la dynastie n'atteint certes pas d'aussi brillants résultats. Incapable de freiner l'esprit indépendant des tribus, elle enregistre même une série de reculs et de défaites en Espagne. En 1415, le Portugal s'empare de Ceuta ; pour la première fois,

sectes mystiques qui s'opposent à l'islam le plus orthodoxe, et la guerre qu'Espagnols et Portugais ont apportée sur les côtes marocaines. Tanger, Larache et Agadir tombent tour à tour aux mains des Lusitaniens, et Melilla est annexée à la couronne espagnole. Bien que la défaite définitive des Mérinides laisse présager le déclin du Maroc en tant que royaume autonome et indépendant, un regain d'orgueil nationaliste et religieux permet au pays d'échapper à ce destin.

30-31 et
31 À DROITE
Tapisserie portugaise du XVᵉ siècle illustrant le débarquement des troupes lusitaniennes à Tanger, sous la direction d'Alphonse V. Les Portugais s'emparèrent de la ville et occupèrent également Larache et Agadir : pour la dynastie des Mérinides, ce fut le début du déclin.

Les tribus des hauts plateaux reviennent une fois encore sur le devant de la scène. Poussés par les marabouts, des chefs religieux élevés au rang de saints vivants, les Ouattassides entament une guerre sainte que la dynastie saadienne, d'origine arabe, mènera ensuite à son terme. Cette dernière lignée revendique une descendance directe de Mahomet et décerne par conséquent à ses chefs le titre de *chorfa*: successeurs du Prophète. L'Histoire inverse alors brusquement son cours. Mais la nouvelle dynastie hérite d'une période troublée: en Méditerranée, les États catholiques dirigés par l'Espagne et l'Empire ottoman se disputent le pouvoir. Les Turcs, en particulier, arment des flottes de pirates très actives sur les côtes marocaines. Exploitant la position stratégique du pays et le vaste conflit en marche, les Saadiens assoient leur autorité de manière décisive. Le plus grand chef de l'époque, le calife Abd el-Malik, est un guerrier cultivé et rusé qui inflige aux Portugais une défaite mémorable à Ksar el-Kebir. Nous sommes en 1578: une nouvelle ère commence pour le Maroc. Ahmed el-Mansour noue d'importantes relations diplomatiques avec les principaux pays européens et lance simultanément une politique de conquête en Afrique noire. En 1590, le souverain envoie à travers le Sahara une armée de 4 000 hommes à l'assaut de Gao, capitale de l'Empire songhaï. Constituée de Maures immigrés d'Espagne, de chrétiens renégats, de Turcs et de cavaliers marocains, l'expédition dispose de canons et de fusils. Un armement qui fait sa première apparition en terre africaine. La campagne se solde par un triomphe: l'armée saadienne remporte un succès foudroyant qui conduit le pouvoir chérifien jusqu'au fleuve Niger et à Tombouctou. L'entreprise garantit durant presque vingt ans un flux ininterrompu de

32 Cette gravure du XIXᵉ siècle rappelle la bataille de Ksar el-Kébir, où le calife Abd el-Malik écrasa une armée portugaise de 17 000 hommes.

La rencontre coûta la vie au roi Sébastien Iᵉʳ et marqua la fin de l'hégémonie lusitanienne en Afrique.

33 EN BAS Peinture sur bois du maître allemand Tobias Stimmer, qui figure un roi de la dynastie saadienne: ce fut avec ces

souverains que débuta le phénomène de la piraterie, une plaie contre laquelle la marine espagnole ne réussit jamais à lutter efficacement.

33 *AU MILIEU*
Tableau de l'école
espagnole
du XIXᵉ siècle,
qui commémore
les campagnes

de l'armée
de Charles V.
La faiblesse militaire
et politique de la
dynastie mérinide
se solda par la perte

de Grenade et,
en 1497, par
l'invasion du
territoire marocain
et la conquête
de Melilla.

33 EN HAUT
Gravure illustrant
un chérif de Fès,
roi du Maroc de
la dynastie saadienne.
Les souverains
saadiens donnèrent
une formidable
impulsion aux
commerces de l'or
et des esclaves,
grâce à l'emploi
de caravanes capables
de traverser le désert.

richesses : or, épices, ivoire et ébène prennent la direction de Marrakech. La « porte du désert » devient l'une des villes les plus riches de toute l'Afrique du Nord. Mais avec le temps, la conquête se révèle une victoire à la Pyrrhus : le système commercial de la région s'avère irrémédiablement compromis et les nouveaux équilibres ne facilitent guère les échanges. Les incursions des Touareg rendent en outre les pistes caravanières périlleuses et la « route atlantique de l'or », inaugurée par les Portugais, retire beaucoup d'intérêt aux pistes sahariennes.

À la mort d'Ahmed el-Mansour, victime d'une lutte dynastique, l'empire se fissure. Une république indépendante dédiée à la piraterie et gouvernée par les Andalous émigrés d'Espagne se crée entre Rabat et Salé. Le pouvoir passe des Saadiens aux Alaouites, une autre dynastie qui affirme, elle aussi, descendre directement du Prophète.

Aux XVIIe et XVIIIe siècles, le Maroc est un pays « charnière », coincé entre l'impérialisme ottoman et l'expansionnisme des grandes puissances coloniales européennes. L'autorité instable des souverains dépend pour une large part de leur aptitude à endiguer l'agitation religieuse et les velléités autonomistes des tribus berbères. L'empire conserve son indépendance uniquement parce qu'il sait ouvrir une « route nationale » à l'islamisme. Même s'il n'est pas toujours approuvé, le gouvernement central n'en inspire pas moins le respect du fait de son origine : un rappel direct à Mahomet qui enorgueillit le peuple, légitime la dynastie et lie les principales autorités religieuses à la couronne. Sous Moulay Ismaïl et Sidi Mohammed ben

*34
EN
HAUT
Le calife
Moulay al-
Rachid fonda
la dynastie alaouite,
qui continue
aujourd'hui de
gouverner le Maroc.
D'origine arabe et
descendant du
Prophète, le monarque
unifia le pays après
une période de
troubles, limita la
piraterie et fixa de
nouveau la capitale
à Fès.*

MAROCCO

*34-35 Tanger,
« porte de l'Afrique »,
sur une gravure
française du
XVIIe siècle. En 1678,
après quasiment
deux siècles de
domination
européenne, la ville
fut attaquée par
les troupes de Moulay
Ismaïl et ne tomba
qu'au terme de
six années d'un
siège implacable.*

*34 EN BAS
Illustration
du XVIIIe siècle
reproduisant la ville
de Marrakech, qui
atteignit le sommet
de son développement
avec la dynastie des
Alaouites. Au milieu
du XVIIIe siècle, le
roi Mohammed III
la restaura
entièrement et
y établit la capitale
pour vingt-cinq ans.*

Abdallah, le gouvernement marocain recouvre une certaine influence. De bonnes relations s'établissent avec plusieurs puissances européennes, notamment la France de Louis XIV et l'Angleterre de Jacques II. La cour affine ses usages, le commerce reprend de la vigueur, Larache et Tanger sont libérées. La machine de guerre subit une réorganisation complète : le recours à des milices professionnelles composées aussi bien d'Arabes expulsés des pays catholiques que d'esclaves noirs d'Afrique occidentale devient la règle. Les souverains disposent ainsi d'une troupe bien préparée, capable de tenir garnison aux frontières avec le Sénégal, mais également de combattre les velléités des chefs tribaux. Pendant le règne des Alaouites, Meknès constitue le cœur du pouvoir. Siège de l'immense résidence impériale, la ville s'épanouit sur le plan architectural, civil et religieux.

Mais l'État ne repose pas sur des bases solides et, à la mort de Sidi Mohammed ben Abdallah, le morcellement recommence. Les revendications autonomistes des tribus des montagnes et du

*35 AU MILIEU
Carte de géographie
française du
XVIIIe siècle, qui
représente l'Afrique
du Nord depuis
l'Atlantique*

*jusqu'à l'Égypte.
Baptisé Barbarie,
le territoire était
occupé à l'ouest
par les souverains
saadiens, et à l'est
par l'Empire ottoman.*

35

désert s'intensifient, les villes pirates de la côte réaffirment leur indépendance et le pouvoir passe entre les mains des chefs militaires qui contrôlent les milices sénégalaises. À tout cela vient s'ajouter une terrifiante épidémie de peste qui fait plus de 100 000 victimes en 1799. Le Maroc est un pays en crise, prêt à succomber à l'influence étrangère. La France, qui a récemment conquis l'Algérie, mais aussi l'Espagne et l'Angleterre pressentent que le moment est propice et entendent bien saisir l'occasion. Les Français, justement, infligent la première grave défaite africaine à l'armée marocaine en 1844. Les protestations des Anglais empêchent la catastrophe militaire de déboucher sur une occupation coloniale, mais le régime des Alaouites s'avère irrémédiablement miné. Les divisions se multiplient, et le sultan Moulay Hassan aura beau déployer tous ses efforts, le Maroc ne réussira pas à résister aux pressions étrangères. Le souverain, qui ne contrôle en réalité même pas la moitié de son territoire, accepte de signer le traité de Madrid en 1880. Tout en garantissant une indépendance formelle à son pays, cet accord l'oblige à ouvrir ses frontières à la pénétration économique européenne.

36 EN HAUT
Accédant au trône en 1873, Moulay Hassan fut le dernier monarque absolu du Maroc avant l'ouverture aux Européens.

Durant son règne, il s'efforça d'apaiser les soulèvements intérieurs des rebelles et de résister aux visées colonialistes des puissances étrangères.

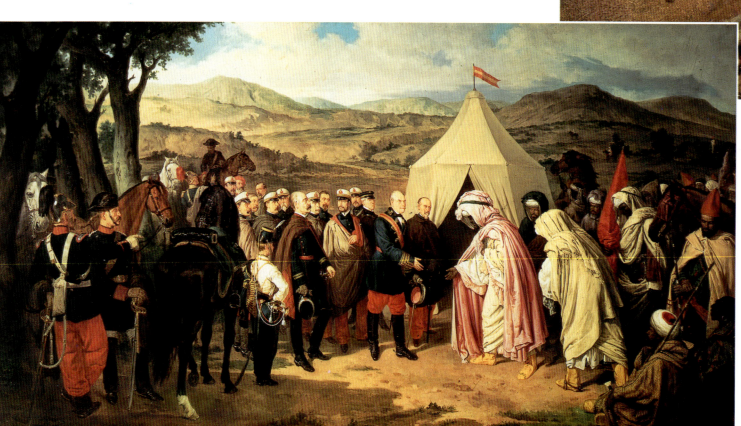

36 EN BAS
Tableau de Joachin
Dominguez,
qui illustre
des négociations
entre Marocains
et Espagnols au
début du XIXᵉ siècle.

36-37 En 1844,
les armées françaises
infligèrent une
lourde défaite aux
Marocains et aux
Algériens de l'émir
rebelle Abdelkader.
Seule l'intervention
diplomatique des
Anglais évita au
Maroc de perdre
son indépendance.

37 EN BAS
L'arrivée de
l'ambassadeur italien
au Maroc par Stefano
Ussi. Au milieu du
XIXᵉ siècle, les grandes

puissances européennes
avaient des sièges
diplomatiques
et des délégations
commerciales dans
le pays.

Le Petit Journal

ADMINISTRATION
61, RUE LAFAYETTE, 61

Les manuscrits ne sont pas rendus

On s'abonne sans frais
dans tous les bureaux de poste

5 CENT.   SUPPLÉMENT ILLUSTRÉ   **5** CENT.

23me Année   Numéro 1.137

DIMANCHE 1er SEPTEMBRE 1912

ABONNEMENTS

	SIX MOIS	UN AN
SEINE et SEINE-ET-OISE..	2 fr.	3 fr. 50
DÉPARTEMENTS...........	2 fr.	4 fr. 0
ÉTRANGER	2 50	5 fr. 0

DANS LE SUD MAROCAIN
L'appel aux armes des partisans de Hibba

L'effondrement se produit au début du siècle : la population atteint des niveaux de pauvreté inédits, à l'origine d'une vague de délinquance que le recours, de plus en plus fréquent, à la peine de mort n'enraye qu'en partie. Le seul commerce prospère demeure alors le trafic des esclaves, et les révoltes ensanglantent un territoire mal contrôlé, dont les habitants n'obéissent plus à la moindre autorité. Sous prétexte de protéger ses ressortissants établis dans la ville, la France occupe Casablanca en 1907. Malgré la forte opposition de l'Allemagne, qui a elle aussi des visées sur le Maroc, les troupes françaises

La Salle de Conférences d'Algésiras pendant les débats   F. L. D

M. Sayer, 2. M. le deuxième Ministre Russe, 3. M. le Comte Cassini, 4. M. Marten; Ferras, 5. M. le Ministre de Portugal, 6. M. le Ministre des Pays-Bas, 7. M. Malpana B. M. Vicente-Veronés, 9. Revoil
10. M. Witte, 11. M. le Ministre Américain, 12. M. le Comte Buisseret, 13. M. Joostens, 14. M. le Ministre d'Autriche, 15. M. de Tattenbach 16. M. le Duc D'Almodovar, 17. El Mokri, 18. M. de Torres

pénètrent à Fès en 1911. Sollicitée par le sultan Moulay el-Hafid, l'intervention censée réprimer une révolte ouvre en fait la porte à la colonisation du pays. Le 30 mars 1912, le Maroc se voit contraint d'accepter un protectorat qui sauvegarde, juste formellement, l'autonomie de l'État. Le sultan Moulay Youssef assume en effet un rôle purement représentatif, cependant que tout le pouvoir revient entre les mains du résident général Lyautey. Au même moment, le nord du Maroc passe sous domination espagnole (protectorat de Tétouan) et Tanger est déclarée zone internationale. Déjà immortalisée par les plus grands peintres orientalistes, cette ville devient mythique : place de négoce, port franc, escale pendant

39 EN HAUT
Le sultan Moulay Youssef fut le premier souverain marocain à faire l'expérience de la cohabitation avec le pouvoir français.

39 À DROITE AU MILIEU
En 1912, Moulay el-Hafid abdiqua en faveur de son frère, Moulay Youssef, et reconnut à la France son protectorat sur le pays.

Le Petit Journal

ADMINISTRATION   SUPPLÉMENT ILLUSTRÉ   ABONNEMENTS

L'ABDICATION

38 En septembre 1912, dans le Sud marocain les partisans appellent le peuple à se révolter contre les troupes coloniales françaises.

39 À GAUCHE AU MILIEU
La conférence d'Algésiras (1906) définit les aires d'influence des puissances européennes au Maroc.

39 EN BAS
Le général Louis H.G. Lyautey, résident général du Maroc entre 1912 et 1925, eut pour mission de ramener l'ordre dans le pays. Il appuya l'administration locale sur un effectif français, accéléra les processus de modernisation et choisit Rabat comme capitale.

41 EN HAUT
Hiver 1937: des troupes françaises à dos de chameau partent pour le Maroc espagnol. La présence de forces armées allemandes au sein de la colonie dans les années précédant la Seconde Guerre mondiale créa de graves phases de tension aux frontières.

41 EN BAS
Abd el-Krim, chef charismatique de tribus rifaines, défit les Espagnols en 1921 et proclama l'indépendance. Après avoir envahi les possessions françaises et menacé Fès, il fut vaincu et emprisonné, mais réussit à s'enfuir en Égypte. Mort en exil (1963), il est toujours considéré comme le plus grand héros national.

40 EN HAUT
Sur la photo, un escadron à cheval espagnol se prépare au salut lors d'un exercice. En 1936, les phalangistes du général Franco en rébellion contre le gouvernement recueillirent au Maroc le soutien d'au moins 130 000 soldats.

40-41 L'image montre des soldats français au combat pendant l'occupation du Maroc. Entre 1912 et 1932, les régions de l'Atlas et le Sahara furent témoins de soulèvements et de révoltes constantes. Les Marocains et les troupes d'occupation perdirent respectivement 400 000 et 27 000 hommes.

vingt ans d'espions et d'intellectuels, elle s'inscrit dans l'imaginaire d'une époque grâce à des artistes et des écrivains du calibre de Paul Bowles, Tennessee Williams, Paul Morand et Jean Genet.

Mais si la côte ne pose aucun problème et se modernise même rapidement, le contrôle de l'intérieur des terres crée d'énormes difficultés aux puissances européennes. Dans la chaîne du Rif et les montagnes du Moyen Atlas, les révoltes mettent les armées coloniales à rude épreuve. En vingt années de combats, les Français perdent au moins 27 000 hommes, et les Marocains, jusqu'à 400 000. En 1921, les tribus du Rif occidental guidées de main de maître par Abd el-Krim écrasent une armée

espagnole forte de 15 000 soldats et proclament une république indépendante. Il faudra l'intervention d'une armée franco-espagnole de 250 000 hommes, parfaitement équipés en matière d'artillerie, d'aviation et de gaz toxiques pour les contraindre de se rendre. Mort en exil (1963), Abd el-Krim est encore aujourd'hui considéré comme le vrai héros national du Rif. Le tournant indépendantiste coïncide avec la Seconde Guerre mondiale. La population tolère très mal le régime de Vichy et accueille avec sympathie les Anglo-Américains en 1942. Cinq ans plus tard, le sultan Mohammed V se déclare favorable au mouvement nationaliste: il entame sans hésiter un long bras de fer avec les autorités françaises, qui s'achève par son exil. Mais le pays

des capitaux étrangers vers des investissements plus sûrs. Hassan II monte sur le trône en 1961. Auteur de la première Constitution nationale (1962), sa figure est liée à la modernisation du pays. Homme puissant et politicien habile, Hassan II s'entoure d'un halo mythique : aussi inflexible avec les opposants qu'attentif à la position internationale du Maroc, ce souverain sait en tout état de cause maintenir le pays à l'abri de l'extrémisme islamique qui ensanglante la région. L'épineux conflit du Río de Oro demeure néanmoins en suspens : depuis plus de vingt ans, en effet, le

43 *AU CENTRE*
Retenue par les troupes françaises, la foule marocaine manifeste à l'occasion de la visite du résident général Gilbert Grandval à Meknès. La présence en ville de celui qui incarnait le pouvoir colonial provoqua une révolte qui se solda par seize morts et quarante-neuf blessés.

est alors incontrôlable et les révoltes deviennent de plus en plus sanglantes, si bien que le souverain obtient l'autorisation de regagner sa patrie en 1955. En 1956, le Maroc recouvre pleinement sa liberté et le 2 mars, la déclaration d'indépendance de la zone française est signée. Le protectorat espagnol sera quant à lui annexé le 7 avril.
Le jeune État se heurte néanmoins immédiatement à deux difficultés : les attentats des anciens collaborationnistes du gouvernement français, et la fuite

43 *EN HAUT*
Le roi Hassan II prononça son premier discours officiel à Rabat, la capitale, le 3 avril 1961. Le souverain entreprit de moderniser les institutions monarchiques, en les rendant aptes à relever les défis qui attendaient le pays.

43 *EN BAS*
Après la conquête de l'indépendance, les premières élections eurent lieu au Maroc en 1956. Le gouvernement, établi à Rabat sur nomination royale, opéra avec difficultés en raison du morcellement des forces politiques.

Maroc s'enlise dans la complexe situation politique et militaire de l'ancien Sahara espagnol.

En 1975, le gouvernement organise la célèbre « Marche verte », en revendiquant la possession du territoire et en déployant à la frontière une immense troupe de 350 000 hommes. Mais quand l'Espagne quitte la colonie, le Maroc doit affronter la fière résistance de l'ethnie sahraouie : une population irréductible qui réclame son indépendance sous les drapeaux du Front Polisario. Dès lors, les combats feront rage dans la région et l'ONU essayera en vain d'imposer un référendum. Sur le plan financier, le pays enregistre une croissance très faible ; le fort taux de chômage contraint une large partie des forces de travail locales à émigrer. La situation s'améliore ensuite nettement. Le Maroc est aujourd'hui un pays globalement moderne, qui se range à des positions pro-occidentales, avec une économie en reprise lente, mais constante. Les premières élections au suffrage universel ont eu lieu au mois de novembre 1997. L'issue du vote, très équilibrée, a vu la coalition des quatre partis d'opposition, la Koutla, obtenir 102 sièges contre les 100 sièges du groupe Wifaq, proche du gouvernement et de droite. Quatre-vingt-dix-sept

autres sièges ont été remportés par les partis du centre. À la suite de ces résultats, le roi Hassan II a nommé le leader de l'Union socialiste des forces populaires, Abderrahmane el-Youssoufi, au poste de Premier ministre en février 1998. Ces étapes témoignent de l'ouverture et de l'organisation politique du Maroc, sûrement l'un des États les plus modernes et les plus libéraux d'Afrique du Nord. La floraison de remarquables talents littéraires, dont certains s'avèrent même très connus

au-delà des frontières de la mère patrie, vient d'ailleurs le confirmer : Mohammed Choukri, Driss Chraïbi, Mohammed Khaïr-Eddine, Ahmed Sefrioui et, surtout, Tahar Ben Jelloun. La mort de Hassan II, le 23 juillet 1999, marque la fin d'une époque. Malgré ses soixante-dix ans et sa santé précaire, le monarque jouait encore un rôle déterminant dans la politique intérieure et extérieure du pays. À l'heure actuelle, 27 millions de Marocains se tournent avec confiance vers le jeune Sidi Mohammed, intronisé sous le nom de Mohammed VI, car en lui reposent les espoirs de stabilité et de modernisation du plus ancien royaume africain.

44 EN HAUT
Position marocaine à la frontière avec la Mauritanie lors des combats contre les guérilleros du Front Polisario en 1987. En dépit des nombreux efforts diplomatiques, la situation demeure irrésolue.

44 EN BAS
La Marche verte fut organisée en 1975, quand l'Espagne décida de quitter le Sahara occidental. Plus de 350 000 volontaires demandèrent alors son annexion au Maroc.

44-45 Dimanche 23 juillet 1999, le roi Hassan II du Maroc s'éteint : avec ses trente-huit années de règne, il reste l'un des chefs d'État qui ont le plus marqué l'histoire de l'Afrique du Nord. Il dirigea le pays avec beaucoup de fermeté : inflexible avec les opposants intérieurs, il sut résister à l'intégrisme religieux et rapprocha le Maroc de l'Occident.

45 EN HAUT
Le roi Mohammed VI quitte la mosquée El-Faeh et le palais royal de Rabat ; il s'agit de la première sortie officielle du jeune souverain. Pour le Maroc, une nouvelle ère commence, symboliquement caractérisée par l'alternance des forces politiques au gouvernement.

46 EN BAS À DROITE
Les montagnes du Rif
donnent sur la mer
en créant des vues
panoramiques
d'une fascinante
beauté. La mosquée
que l'on peut voir ici
se trouve à quelques
kilomètres de Ketama.

Déserts aux dunes imposantes et côtes sablonneuses, cimes enneigées et steppes, forêts de cèdres et bois d'arganiers : le Maroc est un manuel de géographie à ciel ouvert. En regardant une carte, on constate que cette incroyable variété de panoramas possède deux grandes frontières naturelles : le désert du Sahara, au sud et à l'est, et l'océan Atlantique, au nord et à l'ouest. À Ceuta, par ailleurs, le Maroc semble presque toucher l'Europe pour s'ouvrir encore vers la Méditerranée. Mer et désert : deux espaces infinis qui s'opposent et au milieu desquels la terre s'est comme plissée en créant des chaînes et des hauts plateaux, des steppes et des dépressions. Ces phénomènes morphologiques ont modelé l'Afrique du Nord et l'Europe en marquant tout particulièrement cette terre de frontière qui revêt ainsi un aspect fascinant, et parfois excentrique. Il s'agit peut-être du seul pays au monde où du désert, on aperçoit la neige. D'origine très ancienne, sa géographie nous renvoie au prépaléozoïque, quand apparut le Haut Atlas, et à la naissance des autres grands reliefs marocains, à chaque soulèvement montagneux en Europe, à chaque heurt entre les deux masses continentales : tout d'abord, le Haut et le Moyen Atlas, puis le Rif, l'ultime ride de ce sol, l'écho africain à la formation définitive de l'arc alpin. Entre les immenses reliefs et la mer s'étend la « Meseta marocaine », qui tire son nom de sa ressemblance notable avec les plaines du centre de l'Espagne. En bordure de cette zone, et plus particulièrement le long des côtes, on trouve les régions les plus peuplées du pays où, siècle après siècle, les principaux sites urbains se sont constitués. Comprendre le Maroc revient à pénétrer ces trois âmes, qui correspondent d'ailleurs à trois aires géographiques bien distinctes. Dans ces univers différents qui composent une mosaïque certes difficile à saisir au premier regard, le cadre changeant et contrasté se reflète comme un emblème dans l'histoire, les usages et les diverses réalités humaines du pays. Le paysage côtier s'avère le plus rassurant de tous, et ce n'est pas un hasard si la civilisation y a ancré de solides racines. Malgré une variété territoriale prononcée, le littoral offre des décors essentiellement rocheux, souvent interrompus par des ports et des villes, beaucoup moins par des plages.

46 À GAUCHE
EN HAUT
D'une blancheur
éclatante, les
sanctuaires de Mdiq
se dressent le long
de la côte entre
Martil et Ceuta :
cette portion la plus
peuplée du littoral
regorge de délicieux
villages à l'atmosphère
silencieuse.

46 À GAUCHE
EN BAS
Près de Tanger,
le maquis domine
l'arrière-pays. La
végétation se compose
de bruyères, genêts,
eucalyptus, pins et
chênes-lièges.

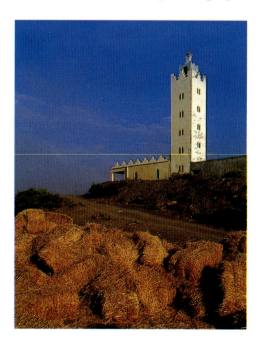

46-47 *Caractérisé par ses fortifications portugaises et ses maisons blanches, le port de la petite ville de Safi se situe sur une portion de la côte atlantique connue pour la pêche à la sardine.*

47 EN HAUT
Les tempêtes au large des côtes d'Essaouira réservent un spectacle d'une beauté sauvage. Non loin de la côte se trouve l'île de Mogador, autrefois célèbre pour le commerce de la pourpre.

48 *EN BAS À GAUCHE*
Après Agadir, la côte atlantique descend vers le sud sans rencontrer le moindre centre habité, exception faite du petit port de Tarfaya. Là, le désert semble gagner directement la mer : ce sont ces paysages qui ont inspiré à Saint-Exupéry son Petit Prince.

La côte s'étire sur au moins 3 500 kilomètres. Très peuplée au bord de la Méditerranée et jusqu'à Casablanca, elle devient nettement moins fréquentée en descendant le long de l'immense front atlantique : là, la présence humaine laisse place à des décors naturels d'une extraordinaire beauté. En progressant d'est en ouest, jusqu'au détroit de Gibraltar, on découvre un littoral foncièrement accidenté, aux parois escarpées et à la découpe irrégulière. Passé Tanger, le phénomène des marées dévoile, quand les eaux se retirent, de vastes terrasses qui retiennent l'océan dans des centaines de bassins. Des puits saumâtres au fond plat, entourés de crêtes, où les poissons constituent des proies faciles pour les oiseaux marins. À mesure que l'on se dirige vers le sud, la côte atlantique s'ouvre sur des plages de plus en plus étendues. Les plus célèbres, à Agadir, se caractérisent par un curieux brouillard estival causé par l'amplitude

thermique. À l'aube, le littoral s'enveloppe d'une couche de vapeur, plus ou moins dense suivant les jours, qui tend à se dissiper seulement aux premières heures de l'après-midi. Toujours du côté de l'Atlantique, la côte porte l'empreinte des nombreux mouvements d'avancée et de repli de l'océan, comme en témoignent les multiples falaises qui, au lieu de s'aligner sur la rive, se dressent nues et sèches à plusieurs centaines de mètres de cette dernière.

Après Agadir, lorsque l'arrière-pays semble se réduire à un paysage d'une âpreté quasi lunaire, on voit apparaître la bande très verdoyante de l'oued Massa. Il s'agit d'une grande oasis fluviale, préservée depuis longtemps par son statut de parc national, l'un des lieux les plus riches en flore et en faune de tout le Maroc. Rude et dépouillé jusqu'aux contreforts du Haut Atlas et de l'Anti-Atlas, l'arrière-pays atlantique abrite toutefois deux zones où le paysage s'adoucit et où la végétation revient sur le devant de la scène : le grand bois des arganiers et la forêt de la Mamora. Dans le premier cas, une aire moyennement élevée s'étend d'Essaouira, Agadir et Tiznit jusqu'à Ouarzazate, en remontant la plaine du Sous et en s'enfonçant entre les chaînes montagneuses du Sud. On y note la présence d'arganiers, parfaitement adaptés aux terres arides et brumeuses typiques de cette partie du pays. Bien qu'il croisse en abondance à l'état sauvage, cet arbre épineux a été cultivé de façon relativement intensive pour l'huile parfumée que l'on extrait de ses amandes. Dans cette région, comme dans les autres zones situées au pied des montagnes, la végétation varie avec l'altitude. À l'arganier succèdent alors, en l'espace de quelques kilomètres, tout d'abord le pistachier et le thuya, puis le chêne-liège et le chêne vert, et enfin le genévrier et le cèdre. À mesure que les couleurs et les parfums changent, le paysage se fait progressivement plus austère et commence à s'élancer vers les contreforts rocheux de l'arrière-pays. Avec ses 55 000 hectares de chênes-lièges entre Rabat, Kenitra et Meknès, la forêt de la Mamora constitue un gigantesque poumon vert, habitat naturel du caméléon et de multiples espèces d'oiseaux non migrateurs. Une situation qui, il y a très longtemps peut-être, a abouti à la formation des vastes steppes : des centaines de kilomètres carrés à l'abri des massifs montagneux, ou bien donnant immédiatement sur le désert, qui offrent un panorama aride à perte de vue. Battu par le vent et rendu peu fertile par une pluviosité rare, voire quasi inexistante certaines années, le cadre offre une palette de couleurs brûlées où triomphent toutes les nuances du brun, du marron et d'un ocre qui, au coucher du soleil, devient presque flamboyant. C'est là tout le charme des immenses étendues qui semblent s'ouvrir sur le néant : un paysage rude et spectral où seules les montagnes qui se découpent à l'horizon indiquent une direction, une coordonnée géographique fiable. Mais en dépit de son âpreté évidente, la steppe abrite d'innombrables formes de vie. Des plantes rases qui, au printemps, ravivent le décor de leur floraison violente et éphémère, ainsi que des animaux de petite taille. Camouflés le jour et actifs la nuit, à l'heure de la chasse et de la quête de l'eau. Nous sommes sur le territoire des geckos et des lézards à queue épineuse, un animal aux traits préhistoriques ; mais le vrai roi de la steppe reste le chacal, prédateur silencieux et furtif, acteur principal des batailles au clair de lune. Que l'on arrive des zones désertiques ou bien des terres plus fertiles, l'approche des chaînes montagneuses se caractérise par les cédraies, de vastes forêts qui couvrent la bande située entre 1 200 et 2 800 mètres d'altitude. Le paysage change alors brusquement, car la végétation particulièrement dense crée un mur de verdure où les conifères atteignent 50 mètres de haut, et dépassent

même parfois les 60 mètres. Quand on pense au Maroc comme à un pays charnière, un pont entre des continents différents, c'est dans ces forêts que l'on rencontre la synthèse la plus curieuse entre les deux mondes. Le climat, frais et tempéré la majeure partie de l'année, la lumière et la couleur des feuilles peuvent évoquer l'Europe, mais la faune corrige cette première impression et nous ramène en Afrique. L'épaisse végétation fourmille en effet de colonies de magots, proies convoitées des derniers léopards et des genettes, présentes en plus grand nombre. Derrière la cédraie s'étend la montagne, composée de reliefs escarpés, de steppes, de champs de pierres et, surtout dans le Haut Atlas, de cimes aiguës et de contreforts. Les reliefs marocains se rassemblent en quatre chaînes aux particularités bien distinctes. Le Rif (la moins élevée) s'étire tout le long du nord du pays, depuis Tétouan jusqu'au cap des Trois-Fourches, près de Melilla. Faisant office de véritable ligne de séparation géologique et climatique entre l'Europe et l'Afrique, le massif culmine entre Chefchaouen et Al-Hoceima, avec des sommets qui excèdent souvent 2 000 mètres. Plus humide, le versant atlantique abrite une végétation extrêmement riche, tandis que le versant méditerranéen, plus aride et sauvage, offre des décors rudes, beaucoup moins hospitaliers. Là, les rochers tombent presque à pic dans la mer en se creusant d'étroites criques, difficiles à atteindre mais d'une beauté à couper le souffle.

54 *La route étroite et sinueuse des gorges du Dadès offre des aperçus panoramiques d'une beauté surréelle. Parois abruptes et crêtes rocheuses s'étirent à perte de vue.*

55 À GAUCHE EN HAUT
Dans un cadre luxuriant, les cascades d'Ouzoud ont plus de 100 mètres de dénivelé et tombent en deux rebonds vertigineux. Un arc-en-ciel permanent, magie bien connue de ceux qui ont déjà plongé dans les eaux du bassin sous-jacent, vient compléter ce tableau enchanteur.

55 À GAUCHE EN BAS
La zone qui borde le col du Tizi-n-Test revendique un passé historique fort et un profond sentiment religieux populaire. Lieu stratégique gardé par les tribus locales, il accueille dans le village de Moulay Brahim un célèbre moussem qui se tient chaque année pour fêter la naissance du Prophète.

55 À DROITE EN HAUT
Le Moyen Atlas renferme les plus grands réservoirs hydriques du pays : des lacs et des fleuves qui modèlent et adoucissent son paysage. Plus haut, les décors deviennent âpres et inhospitaliers.

55 À DROITE EN BAS
Dans les vastes étendues du Moyen Atlas, les reliefs montagneux se composent essentiellement de roches calcaires, sculptées par d'anciennes fractures et des phénomènes karstiques.

Le Moyen Atlas couronne, à l'est, la partie centrale de la Meseta marocaine. Les altitudes maximales se situent au cœur de la chaîne, caractérisé par des précipitations et une flore d'une pauvreté notable. Le djebel bou Naceur (3 340 mètres) et le Mousa bou Salah (3 190 mètres), dans le massif du bou Iblane, représentent les plus hautes cimes. Beaucoup plus basses, les montagnes du Moyen Atlas occidental atteignent rarement 2 000 mètres et bénéficient d'un meilleur climat, avec des précipitations abondantes. Ces versants d'où partent quelques-unes des plus belles étendues de cèdres et de noisetiers du pays abritent la source des principaux fleuves : le Sebou, le Bou Regreg, l'Oum er-Rbia et la Moulouya. Royaume des eaux, cette portion du Moyen Atlas renferme de nombreux petits lacs et une infinité de ruisseaux, souvent poissonneux au point de constituer une attraction touristique. La chaîne propose globalement plusieurs des paysages les plus suggestifs du Maroc, en particulier dans les environs d'Azrou, d'Ifrane (station de sports d'hiver réputée), de Khénifra et d'Imilchil, avec son plateau des Lacs. Le charme de ce haut plateau lacustre, cerné de montagnes qui atteignent et dépassent 3 000 mètres, est irrésistible.

Mais c'est dans le Haut Atlas, où se trouvent les cimes les plus élevées d'Afrique du Nord, que les décors naturels acquièrent un caractère spectaculaire et une majesté inédite pour cette partie du continent. Absolument stupéfiant, le panorama alterne les vallées profondes et les pics enneigés toute l'année durant, les canyons vertigineux et les crêtes découpées ou les sommets aigus érodés par le vent. La chaîne s'étire sur au moins 700 kilomètres du cap Rhir jusqu'au djebel Meschkakour, à la frontière de la Meseta orientale : une série de plus de quarante cimes qui dépassent les 3 000 mètres d'altitude. La plus impressionnante de toute l'Afrique du Nord, le djebel Toubkal, culmine à 4 167 mètres et consiste en un massif sillonné de vallées encaissées et inaccessibles. Presque aussi imposant, l'Ighil M'Goun (4 071 mètres) revêt la forme d'une gigantesque coupole creusée de gorges étroites et vertigineuses. Parmi les autres sommets, il convient de citer le djebel Ouanoukrim (4 089 mètres), le djebel Ayachi (3 737 mètres, le point culminant du Haut Atlas central) et le djebel Siroua (3 304 mètres, à la limite de l'Anti-Atlas). Pendant tout l'hiver, les températures s'avèrent particulièrement basses et l'enneigement intense, même si la chaîne ne comporte aucun glacier éternel.

Les hauts plateaux septentrionaux et occidentaux se caractérisent par des précipitations très fréquentes et une végétation luxuriante, à la différence des pentes méridionales, plus arides et

presque entièrement nues. Les paysages les plus beaux ne se gagnent pas facilement et les voies de communication laissent à désirer, surtout à la saison froide. Comme une bonne partie des chaînes de montagnes marocaines, la région est faiblement peuplée, ce qui n'entame en rien mais, au contraire, renforce le charme de ces sommets grandioses. Il faut descendre plus en aval, à proximité des premiers centres habités, pour relever sans hésitation l'empreinte de la main de l'homme dans l'aménagement de verdoyantes terrasses agricoles. Ces pièces de terre soigneusement irriguées et constituées avec une patience de bénédictin forment une tache de végétation qui interrompt le dépouillement solennel des montagnes et annonce l'imminence d'un nouveau décor.

60 À GAUCHE
EN HAUT
Stratégiquement
située entre
l'Anti-Atlas
et le Haut Atlas,
la cité fortifiée de
Taroudannt domine
l'accès à la plaine
du Sous. Autour
de ses bastions
de couleur ocre
s'étendent des rangées
d'eucalyptus, d'oliviers
et de palmiers.

60 À GAUCHE
EN BAS
Avant de monter
vers les cimes
enneigées de l'Ighil
M'Goun, magnifique
crête du Haut Atlas
qui atteint 4000 mètres
d'altitude, le paysage
s'ouvre sur le plateau
de la Tessaout,
une verdoyante aire
plane idéale pour
le pâturage.

60-61 En bordure
du Drâa, une vallée
fertile regorge de
lauriers-roses,
d'acacias et de
palmiers dattiers.
Les habitants ont
habilement tiré profit
de cette langue de
verdure, semblable
à une longue oasis,
en cultivant aussi
des légumes, des
céréales, de la
luzerne et du henné.

61 EN HAUT
À GAUCHE
L'Anti-Atlas
offre souvent
des panoramas
d'une rude beauté.
Sur cette photo, prise
près du village fortifié
d'Aït-Benhaddou,
la steppe accueille
les dernières taches
de verdure, qui
s'espacent à mesure
que l'altitude
progresse.

61 EN HAUT
À DROITE
Amandiers en fleur
et rochers pointus
de granit rose
font le charme
des montagnes
qui entourent
Tafraoute
et Oumesnat.
Dans cette région
de l'Anti-Atlas,
le début de la belle
saison est fêté par
des manifestations
folkloriques hautes
en couleur.

*62 et 62-63 Le long
de la vallée du Drâa,
on rencontre de
nombreux sites
fortifiés que les
populations locales
ont érigés contre
les incursions des
nomades du désert.
Il existe une
cinquantaine
de ces constructions,
appelées casbahs
ou ksour, dans
la zone comprise
entre Ouarzazate
et Zagora.*

*63 EN HAUT
Dans la région
de Tafraoute,
le paysage
montagneux
de l'Anti-Atlas
est constellé de petits
villages agricoles
et de luxuriantes
palmeraies.
La géologie locale
s'avère dominée par
le granit, quelquefois
sillonné de délicates
teintes roses.*

L'Anti-Atlas représente la quatrième chaîne montagneuse du pays, la plus ancienne et, par bien des côtés, la moins connue. Plus qu'une série de cimes, il s'agit d'un haut plateau sillonné de nombreuses vallées créées, au fil des siècles, par les eaux de fleuves aujourd'hui complètement à sec. Ses sommets atteignent 1500 mètres à l'ouest, et 2000 mètres à l'est. On enregistre les altitudes maximales avec le djebel

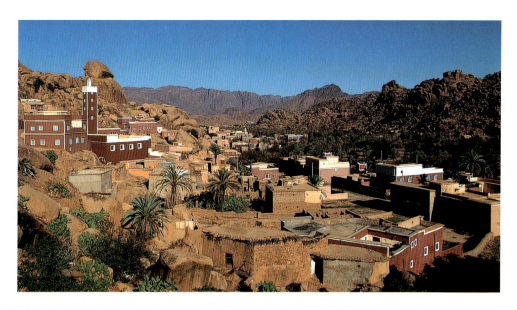

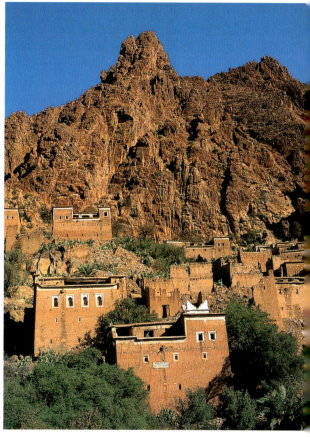

63 À DROITE
Le village
d'Oumesnat, dans
la vallée des Ammeln,
déploie ses maisons
rouges sur les pentes
d'un massif
granitique.
Cet ancien bourg,
qui semble écrasé
par la montagne,
domine à son tour
une épaisse palmeraie
ponctuée de délicieux
jardins.

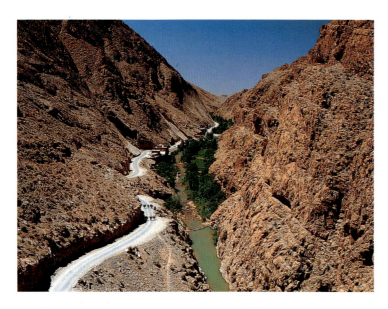

Lekst (2 359 mètres) et l'Adrar-n-Aklim
(2 531 mètres). Les pentes septentrio-
nales descendent à pic vers la plaine du
Sous, alors que le versant sud décline
doucement vers le désert. Plutôt aride,
le massif se couvre d'une végétation d'ar-
bustes et de plantes rases. C'est seulement sur le versant nord et le long des
anciens lits des fleuves, maintenant
complètement privés d'eau, que pous-
sent les arganiers, les acacias gommiers
et les euphorbes. Les cimes septentrio-
nales sont totalement arides et la zone
souffre, en règle générale, de graves
problèmes hydriques. La plaine enser-
rée entre les sommets du Haut et de
l'Anti-Atlas offre pour sa part un décor
bien différent. Prenant sa source dans
le massif volcanique du Siroua, le Sous
s'étire en aval en s'enrichissant de nombreux petits affluents qui proviennent
des monts les plus proches. Les plantations de cèdres, de bananiers, d'oliviers
et d'amandiers abondent en bordure
de ses rives, procurant ainsi l'impression visuelle d'une région très fertile,
soigneusement cultivée et parmi les
mieux pourvues en végétation du pays
malgré son exploitation intense. Du
point de vue du paysage, la plus belle
partie de l'Anti-Atlas se situe dans les
environs de Tafraoute: la vallée des
Ammeln, avec ses roches granitiques,
la zone comprise entre Tafraoute et
Tiznit, et celle entre Tafraoute et Aït-
Baha.

constitue le point
de départ idéal
des excursions dans
le désert marocain;
baignée par l'oued
Ziz et l'oued Rheris,
elle offre la fraîcheur
et le réconfort d'une
grande palmeraie.
Chaque année,
au mois d'octobre,
on peut y assister
à la charmante
«fête des Dattes».

*72 EN HAUT
À GAUCHE*
*Cette photo permet
d'admirer la
luxuriante végétation
de l'oasis Hassi el-Bid,
près du village de
Merzouga. Rendues
fertiles par l'eau qui
s'écoule dans d'étroits
canaux, ces terres
jouissaient autrefois
d'une végétation
spontanée,
aujourd'hui
remplacée par la
culture très rentable
du palmier dattier.*

Après les montagnes, il convient enfin de parler du désert. Ce dernier débute au sud de l'Anti-Atlas, par les étendues dépouillées d'un haut plateau qui va de l'Atlantique jusqu'à la vallée du Drâa : un petit ensemble montagneux dont les cimes dépassent rarement 1 200 mètres pour s'élever à 1 600 mètres d'altitude, uniquement à proximité de Foum-Zguid. Au sud du djebel Bani, on se trouve à la lisière du Sahara : une immensité rocailleuse qui laisse peu à peu place au sable et aux dunes. Là, le Maroc rencontre une autre mer : infinie, étale, une mer qui part de l'arrière-pays atlantique et qui se poursuit, après avoir parcouru le pays tout entier, vers et au-delà de l'Algérie. Il s'agit du vrai désert, au sens « technique » du terme, où les précipitations annuelles tombent à moins de 100 mm. Un désert de pierres et de steppe, puis juste de sable et de dunes qui se dressent par milliers, solennelles, perpétuellement créées et détruites par le mouvement du vent. Et au milieu du sable, les oasis, des îlots de verdure où l'homme se réfugie et cultive, commerce et attend que le temps s'écoule. Un temps qui, dans le désert, paraît s'être arrêté pour toujours sous l'empire d'un climat infernal, d'un panorama d'une simplicité éblouissante. En dehors des oasis, rien ne pousse sur ce territoire, rien ne bouge hormis le vent qui dessine des dunes généralement assez basses dans le désert marocain, sauf celles de l'erg Chebbi, au sud d'Erfoud, si hautes qu'elles cachent l'horizon. Si imposantes qu'elles semblent l'œuvre d'un géant, elles ont inspiré des écrivains et des photographes. Paul Bowles les a immortalisées en évoquant un « paysage purement minéral que les étoiles éclairent comme des rayons et où même la mémoire s'évanouit ». C'est là que le Maroc trouve ses limites, dans son immense désert qui excite les pupilles mais gomme les sens. Comme si le pays aux mille couleurs voulait justement nous offrir sa dernière surprise : la seule à ne jamais prendre fin.

*73 Les tentes typiques
des nomades berbères
se dressent au milieu
des dunes de l'erg
Lehouadi. Ouvertes
sur les côtés
et soutenues
par des piquets,
elles doivent leur
extrême simplicité
à la nécessité
de se déplacer
constamment.*

*72 EN HAUT
À DROITE*
*Dans cette oasis
du Sahara marocain,
la monotonie du
paysage rocheux
et dépouillé est
interrompue par la
rare verdure d'une
plante grasse et par
un miroir d'eau, le
bien le plus précieux
du désert.*

*72-73 Deux Berbères
de la tribu
des Reguibate
(les fameux
« hommes bleus »)
dans les dunes du
désert de Medarza.
Aujourd'hui encore,
les nomades sont les
seuls êtres humains
capables de s'adapter
aux difficultés
imposées par le désert.*

CASABLANCA,
ENTRE GRATTE-CIEL ET TRADITION

74 EN HAUT
Avec ses gratte-ciel, la place Zallara constitue le cœur de la ville moderne. Casablanca représente aujourd'hui la vitrine la plus ambitieuse et la plus économiquement développée du Maroc : le principal centre commercial et financier de l'Afrique du Nord-Ouest.

74 AU CENTRE
De la moderne place Mohammed-V rayonnent les grandes artères de Casablanca.

74 EN BAS
Avec ses 2,5 millions d'habitants, Casablanca est la plus grande ville du pays. Moderne et dynamique, elle abrite le principal aéroport marocain et le plus important port d'Afrique du Nord ; les vastes immeubles du centre accueillent les bureaux des grosses entreprises internationales.

Alignées sur la côte, sagement édifiées dans l'arrière-pays le plus fertile, mais aussi érigées pour protéger des passages, des cols et d'anciennes pistes caravanières, les villes du Maroc témoignent de la fascinante aventure de cet empire africain qui fut longtemps le plus puissant et le plus raffiné d'Afrique du Nord. Aujourd'hui moderne, le royaume tente de faire coexister le développement économique et la tradition, la religion et la propension laïque au négoce, au commerce, aux échanges culturels entre deux continents qui se situent l'un en face de l'autre et qui se touchent presque. Nous commencerons donc tout naturellement notre circuit par les cités côtières, où les Berbères se sont retrouvés confrontés aux peuples venus de la mer : Phéniciens, Romains, Espagnols, Portugais et Français. L'histoire se décline alors en termes de palais, forteresses, carrefours de routes, ports et mosquées. Avec ses gloires et ses tragédies, le Maroc d'hier se reflète dans la réalité actuelle, où les automobiles, les vitrines et les téléviseurs rythment un nouvel univers. Casablanca illustre tout cela à la perfection. Il s'agit de la ville non seulement la plus moderne du pays, mais aussi la plus importante, avec ses presque 3 millions d'habitants. Le progrès y a définitivement pris le dessus : de la très centrale place Mohammed-V partent de grandes artères à la circulation intense, où un irrésistible désir de modernité se manifeste à travers les cinémas, les magasins à l'occidentale, les immeubles de

74-75 et
75 EN HAUT
Les principaux
boulevards de
la ville s'articulent
autour de la place
Mohammed-V, bordée
sur l'un de ses côtés
par le palais de
Justice (ci-dessous).
Siège de nombreux
édifices publics, cette
dernière accueille
également les

bâtiments de la
préfecture, dont
la tour s'élève à
50 mètres de haut.
Non loin de là, la
place des Nations-
Unies, dont la
physionomie actuelle
date des années
1950, constitue
l'élégant trait
d'union entre la ville
nouvelle et l'ancienne
médina.

76-77 EN HAUT À GAUCHE

La mosquée Hassan II est dominée par un minaret (à gauche, en haut) qui fait aussi office de phare. Mesurant 172 mètres de haut et 25 mètres de côté à la base, il émet un rayon laser qui indique la direction de La Mecque, la ville sainte de l'Islam. À l'intérieur (à gauche, en bas) des jeux de lumière rehaussent les marqueteries et les décorations. Outre les grandes salles réservées à la prière et aux ablutions, le sanctuaire abrite une bibliothèque, un musée et un garage souterrain. Colonnes et arcs de granit soutiennent l'ensemble (à droite, en haut) de ces structures. Malgré ses dimensions imposantes, la façade (à droite, en bas) revêt une forme très élégante. L'entrée principale, allégée par des ornementations raffinées, donne accès à un ensemble architectural d'au moins 90 000 mètres carrés. La mosquée Hassan II constitue la troisième construction islamique du monde par ordre de grandeur.

bureaux et les enseignes des banques. Mais cette même vaste place permet par ailleurs d'accéder à l'ancienne médina (vieille ville), le cœur de Casablanca où la tradition l'emporte. Un cœur assiégé : les bâtiments modernes ont entamé sa structure datant du XVIIIᵉ siècle et ses ruelles étroites, plus caractéristiques que belles, se voient aujourd'hui réduites au rôle de témoignage du passé. Elles nous rappellent que, derrière le vacarme et les lumières, cette ville cache une âme bien plus classique qu'on pourrait le penser. N'oublions pas que Casablanca fut aussi la vitrine du protectorat français. Sur le très central boulevard Mohammed-V, nombreux sont les édifices où l'architecture locale se fond avec des éléments européens au goût délicieusement parisien. Mais quand on gagne la promenade du bord de mer, on ne peut que se sentir dominé par l'impressionnante masse de la mosquée Hassan II, l'ouvrage que le souverain a conçu pour

78 EN BAS
Un marchand
ambulant propose
des denrées
alimentaires dans
une échoppe située
hors les murs de
l'ancienne médina.
Contrairement
aux autres villes
marocaines, les
édifices de Casablanca
sont en majorité
modernes: il ne
reste presque aucune
trace des structures
détruites par le
séisme de 1755.

78-79 et
79 EN HAUT
Vendeurs d'épices
dans l'ancienne
médina de
Casablanca.
La cuisine marocaine
a largement recours
à ces produits, cultivés
pour la plupart
dans le pays.

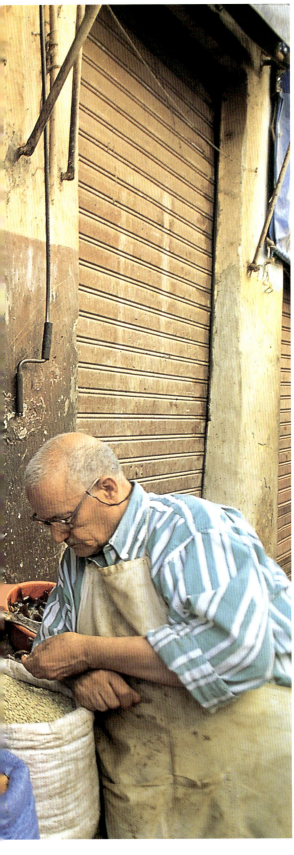

79 AU MILIEU
EN BAS
*Parfaitement rangés
et colorés, les étals
de fruits renferment
les meilleurs produits
de l'agriculture
marocaine qui
proviennent des
riches plantations
de l'arrière-pays.*

79 EN BAS
*Les petits bazars
sont très bien
approvisionnés.
On y trouve tout,
des épices aux objets
domestiques,
en passant
par les pâtisseries
et les cosmétiques
traditionnels.*

doter l'Afrique du Nord d'un symbole comparable à la statue de la Liberté. Œuvre de l'architecte français Michel Pinseau, c'est un sanctuaire grandiose qui semble flotter sur les ondes. Entamés en 1980, les travaux s'achevèrent treize ans plus tard et furent financés par une souscription nationale. Les dimensions parlent d'elles-mêmes : la salle de prière et son esplanade ont une capacité d'accueil de respectivement 20 000 et 80 000 fidèles ; et du haut du minaret (172 mètres), un laser visible à 35 kilomètres à la ronde indique la direction de La Mecque. En dépit de sa taille gigantesque, la construction ravit par l'élégance de ses formes et par le raffinement de ses décorations intérieures réalisées par les artisans marocains les plus qualifiés. Ponctuée de plages, de cafés et de restaurants, la Corniche reliant la mosquée au phare d'El-Hank constitue un lieu de promenades et de loisirs privilégié, qui offre en outre une vue magnifique sur la mer et la cité.

*Parmi les épices
les plus courantes,
citons le cumin
(condiment de base
pour la viande), la
coriandre (au goût
particulièrement
prononcé au Maroc)
et le sésame.*

79 AU MILIEU
EN HAUT
*Un volailler expose
sa marchandise
dans l'ancienne
médina. Les étroites
venelles du centre
historique s'animent
chaque jour d'un
marché de produits
alimentaires.*

RABAT,
UNE CAPITALE À DOUBLE FACETTE

Si Casablanca est le miroir de la nouveauté, l'image la plus moderne du Maroc, Rabat, incarne l'effigie du pouvoir. Cet ancien siège d'une florissante république de pirates est devenu la capitale de l'État. Une capitale à deux visages, située comme par magie entre la mer et l'embouchure de l'oued Bou Regreg. Il y a, d'un côté, une Rabat antique d'une extraordinaire beauté, concentrée dans sa médina et rendue inoubliable par la casbah (citadelle) des Oudaïa, par la tour Hassan et par la nécropole de Chellah. Et, de l'autre, la Rabat politique, moderne et élégante des quartiers situés autour du palais royal. Ce gigantesque ensemble, aux formes néanmoins assez sobres, date du XIXᵉ siècle et abrite plus de 2 000 domestiques, gardes royaux et fonctionnaires. Devant, à l'extrémité d'une vaste esplanade, se trouve la principale université du Maroc : dédiée à Mohammed V, elle rassemble 20 000 étudiants. La casbah des Oudaïa est une forteresse qui

80 À GAUCHE
Le palais royal de Rabat donne sur une vaste place d'armes bordée de canons. L'ensemble comprend des édifices datant du milieu du XIXᵉ siècle et une partie, plus moderne, où réside le souverain.

80 À DROITE EN HAUT
La mosquée El-Faeh, à l'intérieur du palais royal, est précédée d'une immense esplanade ornée d'un grand bassin. L'édifice est également connu sous le nom de « mosquée du Vendredi », dans la mesure où, quand le roi s'installe au palais avec sa cour, il s'y rend ce jour-là pour prier.

80 À DROITE EN BAS
La casbah des Oudaïa abrite les élégants jardins andalous réalisés entre 1915 et 1918. Une agréable succession de parterres et d'allées permet de gagner le Café Maure, d'où l'on domine tout le quartier et, juste en face, la ville de Salé.

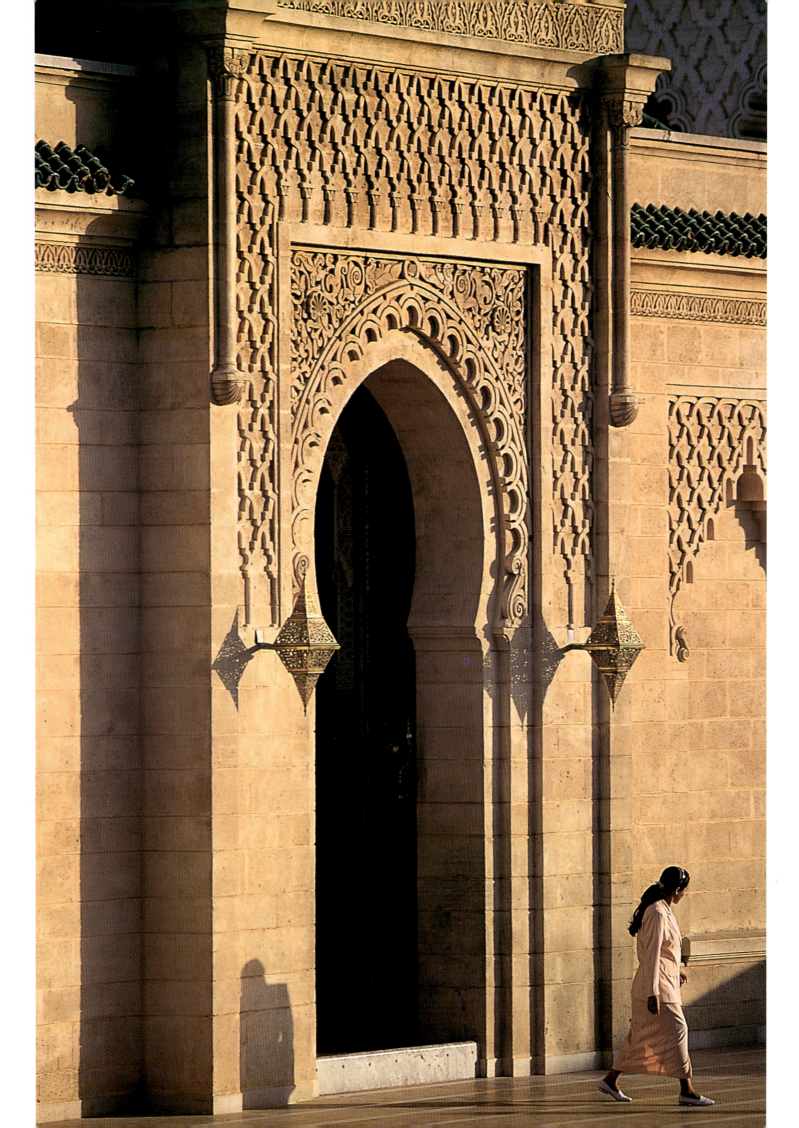

82 *EN HAUT*
À GAUCHE
Le marché aux puces
de Rabat anime les
ruelles qui longent
les bastions. Les bonnes
affaires sont possibles
(monnaies, théières
et petits objets
décoratifs), à
condition d'être prêt
à se lancer dans
les traditionnels
marchandages
et de connaître
l'artisanat local.

82 *EN HAUT*
À DROITE
L'avenue
Mohammed-V
représente le cœur
moderne de Rabat.
Bordée de boutiques,
de restaurants et de
cafés, la principale
artère de la cité relie
la vieille ville et les
nouveaux quartiers
à l'empreinte
occidentale. Parmi
les grands immeubles
qui donnent sur
l'avenue plantée
d'arbres et qui furent
presque tous réalisés
au XXᵉ siècle, citons
la poste centrale, la
gare ferroviaire et
le siège de la Banque
nationale du Maroc.

82-83 *Marché*
au poisson, à
l'embouchure du Bou
Regreg. La pêche est
l'une des principales
sources de revenus
du pays; les eaux
marocaines
fournissent chaque
année plus de
150 000 tonnes de
produits de la mer.

83 *EN HAUT*
Bab el-Oudaïa,
la porte qui s'ouvre
sur la casbah du
même nom, constitue
l'un des joyaux
de l'art almohade.
Avec ses
caractéristiques
plus décoratives que
défensives, l'ouvrage
revêt des dimensions
imposantes, affinées
par de délicats
bas-reliefs.

compte parmi les plus belles du pays.
Sa porte d'entrée (l'imposante Bab el-
Oudaïa) s'avère si raffinée et ouvragée
qu'elle semble avoir été réalisée dans
un but plus décoratif que défensif. À
l'intérieur, on trouve des ruelles tor-
tueuses, la mosquée El-Atiqa et une
immense terrasse, juste sur le mur d'enceinte, qui livre une vue imprenable sur
l'Atlantique, le fleuve et la cité voisine
de Salé. Encore plus impressionnante
par son aspect et sa solennité austère,

83 *EN BAS*
L'oued Bou Regreg
sépare la capitale
du Maroc de la ville
de Salé; dotés
d'un mur d'enceinte,
les deux centres
historiques se font
face en rappelant
l'époque où les pirates
locaux terrorisaient
les flottes espagnole
et portugaise.

la tour Hassan, édifiée en 1190, aurait dû constituer le minaret de la plus importante mosquée de l'époque, entamée par Yacoub el-Mansour. À la mort du souverain, le projet fut abandonné. La tour s'élève aujourd'hui sur une immense esplanade et domine une multitude de colonnes face au mausolée de Mohammed V, le père du Maroc moderne. Si l'extérieur de cette construction est relativement sobre, l'intérieur, en revanche, est d'une incroyable richesse, avec plus de 1 000 mètres carrés de mosaïques qui ne manquent pas d'éblouir ceux qui pénètrent dans la tour. Juste en dehors de Rabat se dressent, protégées par une muraille, les ruines particulièrement suggestives de la nécropole mérinide de Chellah et du site romain de Sala.

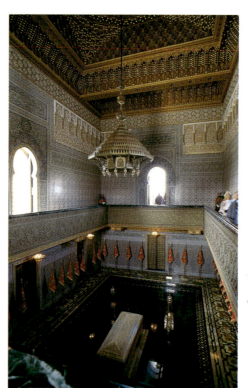

84-85 La tour Hassan est tout ce qui reste de ce qui aurait dû être la plus grande mosquée de l'Islam. Le minaret de plan carré et mesurant 44 mètres de haut devait en compter 80 une fois achevé; les murs richement ornés de bas-reliefs ont 2,50 m d'épaisseur.

85 EN HAUT L'existence de l'oued Bou Regreg favorisa dès l'Antiquité l'implantation d'habitats dans cette zone. Les fouilles effectuées dans la nécropole de Chellah prouvent que le site était déjà occupé au IIIe siècle av. J.-C.

TANGER,
UN PORT SUR LE MONDE

Si l'on en croit la mythologie grecque, Tanger fut fondée par le géant Antée, fils de Poséïdon (seigneur de la Mer) et de Gaia (déesse de la Terre), qui baptisera la ville du nom de son épouse : Tingis, en arabe Tanja-Tanger. Toutes les populations – Berbères, Carthaginois, Romains, Idrissides et Omeyyades, puis d'autres musulmans, Portugais, Espagnols, Anglais, Allemands et, enfin, Français –, se sont succédé dans ce port d'une importance stratégique capitale. En 1912, la «porte de l'Afrique» est finalement considérée comme une zone internationale, contrôlée par une dizaine de nations et par un représentant du sultan. Le charme envoûtant de Tanger est étroitement lié à l'histoire de la ville. Une aventure politique particulièrement mouvementée a engendré un milieu humain unique, le plus cosmopolite et le plus tolérant de toute l'Afrique du Nord, escale permanente d'artistes et d'écrivains. Sa médina se retranche sur une colline d'où l'on domine le port. Ses étroites ruelles s'ouvrent pour accueillir la Grande Mosquée et la place aux réminiscences espagnoles du Petit Socco, siège de négoces et de trafics hauts en couleur. Juste à la sortie de la médina, le Grand Socco constitue un trait d'union idéal vers les nouveaux quartiers. Cette immense place où se tient un marché permanent s'anime des offres retentissantes de paysans et de vendeurs ambulants. Toujours dans le haut de la ville se trouve la casbah, avec

87 EN HAUT
La Grande Mosquée de Tanger est l'un des édifices qui reflètent le mieux l'histoire mouvementée de la ville. Temple romain, puis mosquée et enfin cathédrale portugaise, elle redevint une mosquée avec Moulay Ismaïl qui célébra ainsi la libération des Anglais. On peut admirer ici la porte principale.

87 EN BAS
Le port de Tanger a toujours joué un important rôle stratégique et commercial en raison de sa position sur le détroit de Gibraltar. Datant de 1921, le bassin actuel est protégé par un môle en ciment de 1370 mètres de long.

86 EN HAUT À GAUCHE
Vue de la médina de Tanger, avec ses escaliers caractéristiques. Entièrement bâtie sur un éperon rocheux, elle ensorcela Paul Bowles, Tennessee Williams et Paul Morand avec ses maisons blanches à l'atmosphère incomparable.

86 EN HAUT À DROITE
Le Dar el-Makhzen, le palais du sultan, fut édifié par Moulay Ismaïl et agrandi entre le XVIIIe et le XIXe siècle. Il abrite aujourd'hui ce qui reste des appartements royaux et le musée d'Art marocain.

86-87 La gare ferroviaire de Tanger occupe, avec le port et la gare routière, une vaste esplanade au pied de la médina. Ce carrefour commercial comprend également de nombreux cafés, restaurants et petits hôtels.

l'ancien palais du sultan qui abrite aujourd'hui le magnifique musée d'Art marocain. En descendant vers la mer, les élégants immeubles du boulevard Pasteur rappellent la présence européenne. Situé dans cette partie de la ville, l'hôtel Minzeh fut construit par les Français en 1933 pour le compte de lord Bute, un noble écossais. Il possède de superbes salons mauresques où séjournèrent Winston Churchill et Rita Hayworth. Bernardo Bertolucci y tourna également quelques-unes des scènes de *Thé au Sahara*, tiré du roman de Paul Bowles, un autre familier de l'hôtel.

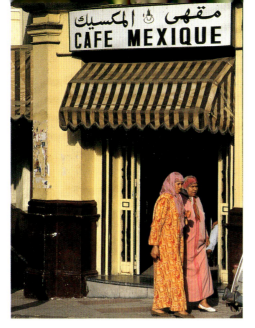

88-89 *Lors
des marchés
du dimanche
et du jeudi,
les étals du Grand
Souk de Tanger
proposent une variété
infinie de denrées
alimentaires.
Les commerçants
sont souvent des
paysans qui offrent
les produits de
leur terre.*

89 *EN HAUT
Aperçu de la rue
du Mexique : à
Tanger, les artères
portent fréquemment
des noms de villes
et de pays étrangers.
L'exotisme de la
toponymie, comme
sur l'enseigne de ce
café rédigée en
français et en arabe,
est un classique
dans la cité la
plus internationale
du Maroc.*

89 *AU MILIEU
ET EN BAS
Le Petit Socco (souk
Dakhli) rassemble
chaque jour une
foule très animée
de vendeurs et
d'acheteurs. Entourée
d'hôtels et de cafés,
cette minuscule place
se caractérise par
une architecture
de style espagnol,
avec des balcons et
des fenêtres aux grilles
finement ouvragées.*

90 EN HAUT
*Le palais du Khalifa,
officiellement palais
royal, abritait la
résidence du calife
à l'époque du
protectorat. Heureux
exemple d'architecture
hispano-mauresque
du XVIIᵉ siècle,
l'édifice a déjà subi
deux remaniements.*

*90-91 La médina
de Tétouan s'entoure
sur trois côtés de
remparts percés de
sept portes d'entrée
et possède au moins
soixante-dix mosquées.
En excellent état
de conservation,
ses édifices remontent
à la fin du
XVIIᵉ siècle.*

TÉTOUAN, EL-JADIDA
ET ESSAOUIRA,
HARMONIE DE CULTURES

À quelques kilomètres de Tanger, Tétouan s'accroche aux flancs du djebel Dersa, l'une des plus belles montagnes du Rif. La tradition locale s'y est intimement mêlée à la présence espagnole, si bien que les styles arabe et andalou se fondent harmonieusement en une architecture métisse, unique en son genre. Les venelles immaculées de la médina, qui débouchent souvent sur de petites places paisibles, en constituent le meilleur exemple. Les activités artisanales se regroupent par corporations : la rue des teinturiers, avec les mille tonalités des étoffes exposées, qui agissent comme de véritables aimants, attire ainsi, plus que toute autre, touristes et marchands. Mais la côte marocaine est riche d'autres cités d'une beauté remarquable. Ces centres de dimensions plus réduites, où la vie se déroule à un rythme moins frénétique, s'avèrent marqués par un passé très mouvementé. C'est le cas d'El-Jadida, avec son austère forteresse aux bastions inexpugnables sur la mer. Ou bien encore d'Essaouira, rendue autrefois célèbre par le commerce de la pourpre et du sucre. Cette ville aux maisons blanc et bleu, agrémentées de détails architecturaux d'un grand raffinement, s'expose agréablement aux alizés qui lui permettent de bénéficier d'un climat doux tout au long de l'année. Adossé à l'ombre des bastions, son port offre un spectacle quotidien de bateaux colorés et de filets étendus au soleil. Très actif depuis toujours, ce

91 EN HAUT
Principale artère de la Tétouan moderne, le boulevard Mohammed-V est bordé d'immeubles de style espagnol. Large et élégante, il abrite des hôtels de luxe, des restaurants et les commerces les plus prestigieux de la ville.

91 AU MILIEU
La citadelle portugaise d'El-Jadida rappelle les 260 ans de domination lusitanienne. Ceinte de puissants remparts renforcés par quatre bastions latéraux, elle fut construite au XVIᵉ siècle sur les plans d'un architecte italien.

91 EN BAS
Réalisée en 1541 pour recueillir l'eau de pluie, la citerne d'El-Jadida repose sur 25 colonnes. À noter le plafond voûté d'arêtes, de style gothique tardif.

92 EN HAUT
La Sqala d'Essaouira
est un puissant
rempart crénelé
tourné vers l'océan,
qui offre une vue
splendide sur la vieille
ville et le littoral.
Au pied des murailles
se trouvent les célèbres
boutiques des
sculpteurs sur bois
d'ébène et de cèdre,
considérés comme les
meilleurs du Maroc.

92 EN BAS
Orson Welles choisit
de tourner son film
Othello, l'un de ses
chefs-d'œuvre, dans
le cadre enchanteur
des remparts
d'Essaouira.

92-93 Constamment
exposée aux alizés,
Essaouira offre
souvent le spectacle
de violentes tempêtes
qui viennent
se briser contre les
fortifications.
Derrière la muraille,
on distingue
l'éclatante blancheur
de la médina.

93 EN HAUT
À GAUCHE
Ces pêcheurs
d'Essaouira s'occupent
de remettre leurs
filets en ordre après
une journée de
travail. Le quartier
du port, pittoresque
et traditionnel, abrite
une multitude de
petits restaurants
où l'on cuisine les
produits tout juste
extraits de la mer.

93 EN HAUT
À DROITE
Ce n'est pas un
hasard si Essaouira
est surnommée
la «cité blanche
et bleue»: les rues
de sa médina, au
plan singulièrement
linéaire, ont presque
toutes des portes
peintes en un bleu
intense, qui contraste
avec la blancheur
des murs.

centre commercial s'est forgé la réputation d'une ville peuplée de femmes dont l'intelligence n'a rien à envier à leur beauté: les sultans de Fès en étaient d'ailleurs convaincus, qui s'y rendaient précisément pour remplir leurs harems.

VOLUBILIS, ÉCHOS DE L'EMPIRE ROMAIN

A vant de se diriger vers les principales villes, une visite s'impose à Volubilis, le site archéologique le mieux conservé du Maroc. Cette cité constitua l'un des centres les plus importants de la Mauritanie Tingitane, la résidence des procurateurs romains qui gouvernaient la région. Elle s'enrichit grâce au commerce de l'huile, une activité si répandue qu'une maison sur quatre possédait un pressoir. Volubilis ne disparut pas après le départ des colonisateurs, mais devint

94 À GAUCHE AU MILIEU ET EN BAS Les ruines de Volubilis constituent le témoignage le plus spectaculaire de la présence romaine au Maroc. Le site a des origines très anciennes qui remontent au néolithique ; plus tard, des tribus berbères, vassales des Phéniciens, s'y établirent.

94 À DROITE et 95 EN HAUT À GAUCHE La Basilique, un édifice à trois nefs terminé à chaque extrémité par une abside, remplissait diverses fonctions : siège des tribunaux et bourse du commerce, elle servait également de point de rencontre pour les notables de la ville.

une ville berbère ; elle perdit une grande partie de son influence avec la fondation de Fès et fut abandonnée à la suite du catastrophique tremblement de terre de 1755. Bien que la plupart des œuvres d'art découvertes à partir de 1887 aient été transférées au Musée archéologique de Rabat, le site retient l'attention par ses merveilleuses mosaïques et par la beauté de ses ruines. Entourée d'imposants remparts, en majorité mis au jour, comme cinq des huit portes d'entrée, Volubilis offre plusieurs ensembles d'habitation en bon état de conservation. Dans au moins trois d'entre eux, on peut admirer les célèbres mosaïques qui comptent parmi les plus significatives de l'époque romaine. Celle consacrée à Bacchus et qui sert de pavement à la maison à l'Éphèbe est magnifique. Au centre trône un grand médaillon figurant une néréide chevauchant un animal marin. Également dédiée au dieu du Vin, couronné de grappes de raisin, une autre superbe

94-95 *L'arc de triomphe de Caracalla est un élégant ouvrage que le procurateur romain Marc-Aurèle Sébastène édifia en 217 en l'honneur de l'empereur et de sa mère Julia Domna. Situé sur le decumanus maximus, il fut remonté en 1933.*

95 EN HAUT À DROITE *Vestiges de la façade du Capitole, grand temple tétrastyle à chapiteaux corinthiens. La place qui le précédait était entourée à l'origine par un vaste portique, et au centre se trouvait un autel.*

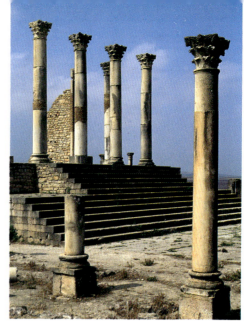

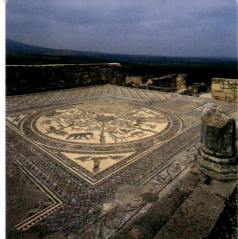

96 EN HAUT
À GAUCHE
Intérieur de la
maison d'Orphée,
propriété d'une riche
famille berbère
romanisée.
La magnifique
mosaïque figure
une forêt peuplée
d'animaux sauvages
et domestiques.

96 EN HAUT
À DROITE
Datant de la
première moitié du
IIIᵉ siècle apr. J.-C.,
la maison aux
Colonnes abrite
plusieurs mosaïques
remarquables.
À noter les deux
élégantes colonnes
torses à chapiteaux
corinthiens.

96-97 La maison
du Cortège de Vénus
était certainement
l'une des plus raffinées
de tout Volubilis.
On peut encore y
admirer bon nombre
de merveilleuses
mosaïques : celle
reproduite ici a pour
sujet Diane au bain,
accompagnée des
Nymphes.

mosaïque se trouve dans la maison du
Cortège de Vénus, la plus précieuse du
site qui regorge de pièces d'une valeur
remarquable et dont le thème est presque toujours mythologique, allant des
travaux d'Hercule au mythe d'Orphée,
en passant par les médaillons représentant les Gorgones, Silène et les Quatre
Saisons. Ces chefs-d'œuvre sont entourés de colonnes, de rues, d'arcs et de
temples, plongés dans une solennité
qui apaise l'esprit, au cœur d'une vallée
verdoyante balayée par un vent discret.
À quelques kilomètres seulement de
Volubilis se dresse Moulay-Idriss, la
« ville sainte » qui honore la mémoire
du descendant du Prophète, fondateur
de la dynastie des Idrissides. Ce premier
grand souverain musulman du Maroc
demeure encore aujourd'hui le mara-
bout (saint) le plus populaire du pays.

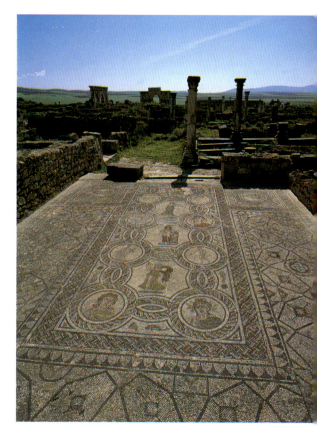

97 À DROITE
EN HAUT
Les maisons de
Bacchus et des
Quatre Saisons,
qui bordent le
decumanus maximus,
comptent elles aussi
parmi les plus
luxueuses demeures
du site. La mosaïque
de pavement de
l'une des salles
présente huit
médaillons encadrant
les bustes d'autant
de divinités.

97 À GAUCHE
ET À DROITE
EN BAS
Les mosaïques
qui ont donné leur
nom à la maison
aux Travaux
d'Hercule ont
pour thème
le célèbre héros
mythologique.
Les deux médaillons
que l'on peut voir
ici figurent Hercule
enfant étranglant les
serpents et portant le
sanglier
d'Érymanthe.

FÈS,
LE TRÉSOR DE L'EMPIRE

99 EN HAUT
La porte d'accès
à la médina de Fès
est l'une des plus
fascinantes de tout
le monde islamique.
Impossible de ne pas
se laisser ravir par
ce lacis de ruelles
où la circulation
automobile
est interdite : très
populaire et animée,
elle renferme des
trésors artistiques
d'une valeur
inestimable.

99 EN BAS
Détail des décorations
de la médersa
el-Attarine, bâtie
entre 1323 et 1325.
Sommet de l'art
mérinide, l'intérieur
raffiné de l'édifice
prélude le panorama
à couper le souffle
dont on jouit depuis
la terrasse.

C'est à Idriss Ier, justement, que l'on doit la fondation de Fès, la plus ancienne des villes impériales marocaines, le principal centre historique et artistique du pays. Nichée dans la plaine de l'oued du même nom, elle se subdivise en trois grands quartiers : Fès el-Bali et Fès el-Jédid, qui forment l'important cœur historique, et la Ville Nouvelle, construite par les Français à partir de 1916. Première cité islamique du Maroc, elle s'avère par conséquent moins liée aux traditions berbères. À compter de 791, Fès constitua la destination privilégiée des Arabes maghrébins, puis des Andalous, et enfin des réfugiés en provenance de Tunisie. La ville joua toujours un rôle de pivot culturel primordial dans toutes les évolutions dynastiques marquantes du pays. Elle atteignit son apogée artistique et politique au XIVᵉ siècle, sous les Mérinides. Enrichie de palais et de médersas (écoles coraniques) d'une extraordinaire beauté, Fès devint la capitale d'un empire puissant et respecté qui, partant de l'ouest, aspirait à islamiser l'ensemble de l'Afrique du Nord. C'est de cette période que date la réalisation de Fès el-Jédid, le quartier qui sépare aujourd'hui la vieille ville de la zone moderne à l'empreinte française. Posé sur une petite colline, il abrite le Dar el-Makhzen (palais royal) et le *mellah* (quartier juif). Le premier édifice, où le souverain peut encore séjourner de nos jours, offre une façade ivoire d'une remarquable

98 EN HAUT
À GAUCHE
Les murailles de Fès
entourent les deux
noyaux de la vieille
ville, Fès el-Jédid
et Fès el-Bali,
et s'étirent sur
une quinzaine
de kilomètres.
C'est à la dynastie
des Almohades
que l'on doit la
structure originelle
de l'enceinte. Le
tissu urbain a quant
à lui subi plusieurs
modifications au
cours des siècles.

98 EN HAUT
À DROITE
La nécropole des
sultans mérinides fut
édifiée au XIVᵉ siècle.
Des anciens ouvrages,
à l'origine d'une
remarquable
splendeur, il ne
subsiste que les
remparts et quelques
vestiges en piteux
état. Le panorama
d'une extraordinaire
beauté offre en
revanche une
excellente vue sur
l'ensemble de la cité.

98-99 Le Borj Sud
offre une magnifique
vue sur la ville
de Fès : le bastion,
qui se dresse dans
la partie méridionale
de l'enceinte, fut
construit par les
esclaves chrétiens
au XVIIᵉ siècle.

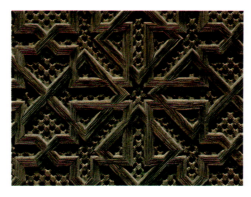

élégance, de magnifiques portes dorées et des tuiles sarrasines de couleur vert pin. Le quartier juif représente la version islamique des ghettos européens. Ses habitants y subissaient de nombreuses entraves à la liberté ; quand ils sortaient du ghetto, par exemple, ils devaient se déplacer pieds nus et n'avaient pas le droit de chevaucher leurs ânes. En revanche, selon la légende, les Juifs

assumaient une importante tâche institutionnelle : ils salaient les têtes des ennemis qui étaient ensuite exposées aux portes de la ville. Cette activité a donné son nom au quartier : *mellah* vient, en effet, du terme *melh*, qui signifie « sel ». À l'intérieur de cette zone, qui était autrefois fermée chaque soir, on peut admirer les gracieuses fenêtres grillagées, ainsi que plusieurs balcons en marqueterie de bois agrémentée de décorations en fer forgé, qui signalent les demeures des marchands juifs les plus aisés. Lorsqu'on arrive à Fès el-Bali, l'ancienne médina, on pénètre dans un autre monde. Il s'agit de la partie la plus vieille, et certainement la plus belle, de la ville ; un lieu au charme unique, qui ne manque pas d'étonner et de subjuguer à chaque visite. Inscrite au Patrimoine mondial de l'Unesco, elle comprend deux quartiers : El-Karaouiyine et El-Andalous, et se caractérise par un plan urbanistique d'une incroyable complexité, délimité par un mur d'enceinte. Une fois que l'on a franchi l'une des entrées, au-delà de laquelle la progression ne peut s'effectuer qu'à pied, il devient difficile, voire impossible, de s'orienter ; les rues, parfois excessivement étroites, bifurquent sans logique apparente, si bien que l'on finit généralement par se retrouver à son point de départ, quand on ne se perd pas

100 À GAUCHE
EN BAS
*En raison des
interdits religieux,
seule une petite
partie de l'intérieur
de la zaouïa
de Moulay Idriss,
merveilleusement
décoré, est ouverte
à la visite. Même les
femmes musulmanes
n'ont pas le droit de
pénétrer dans la salle
abritant la dépouille
du souverain.*

100 À DROITE
*La dynastie mérinide
a laissé de nombreux
palais dans
l'ancienne médina
de Fès. Édifiés
entre le XIIIᵉ et le
XVᵉ siècle, ils offrent
sur la rue des façades
simples, voire
humbles, mais
réservent à l'intérieur
et dans les cours des
décorations, des stucs,
des bronzes ciselés
et des colonnes
d'une grande beauté.*

101 À GAUCHE
*La zaouïa de Moulay
Idriss constitue
le cœur sacré de
la ville : interdite
aux non-musulmans,
elle accueille chaque
jour les pèlerinages
des croyants.
Datant du début
du Xᵉ siècle, l'édifice
fut entièrement
reconstruit en 1437.*

ment son office de cité médiévale islamique régie par des règles urbanistiques et religieuses bien précises, qui n'entravent pas toutefois sa vocation commerciale. Le destin a voulu que ce monde parvienne intact jusqu'à nous sous l'une de ses formes les plus achevées. Cette partie de la ville abrite ainsi un nombre impressionnant de trésors. La médersa Bou Inania, prodige de marbre, de bois, de verre, de plâtre et d'onyx, chef-d'œuvre de la décoration

tout simplement. La magie de la médina vient justement de cette impression d'égarement, de cette rencontre avec un labyrinthe où l'on se laisse emporter par des vagues de parfums, de couleurs et de bruits. Un dédale où, brusquement, s'élèvent des édifices somptueux qui semblent surgir du néant, comme si leur architecte avait suivi son inspiration sans se soucier un instant du cadre environnant. Mais cette anarchie architecturale à l'état pur n'est qu'une apparence. La médina remplit pleine-

104 EN HAUT
Bazar typique
de Fès el-Bali,
avec les traditionnelles
corbeilles de fruits
secs et de dattes.
Les rues de la médina
regorgent de petites
échoppes de produits
alimentaires, à
gestion souvent
strictement familiale.

104 AU CENTRE
Les rues très animées
de Fès el-Bali abritent
des centaines
d'activités
commerciales:
des boutiques
d'artisanat aux
magasins d'antiquités,
en passant par les
ateliers des peaussiers
et les nombreux petits
cafés et restaurants.

104 EN BAS
Marchand de cages
pour animaux
domestiques dans
le souk de Fès. Presque
toutes les boutiques
de la vieille ville
s'ouvrent sur
les ruelles étroites
et voisinent, à
l'intérieur, avec
les habitations privées
des commerçants.

104-105 Du haut
des toits environnants,
on jouit d'une vue
panoramique sur
les cuves des tanneurs
et on peut assister
aux différentes phases
du travail. Cette
activité a des origines
très anciennes: sous
les Mérinides, plus
de 480 000 peaux
étaient traitées
chaque année à Fès.

105 EN HAUT
À GAUCHE
ET À DROITE
Profession héréditaire,
le tannage se
transmet de père
en fils, tout comme
la propriété
des structures
qui sont gérées
par des coopératives.
On voit ici
l'opération qui
consiste à racler
et polir la peau,
et la phase de
pigmentation,
ou coloration
ultérieure du produit.

et de l'épigraphie. Le *fondouk* (autrefois maison d'hôtes) En-Nejjarine, avec sa façade d'une grande élégance. La *zaouïa* de Moulay Idriss, le lieu saint de Fès qui abrite le tombeau du grand souverain. La médersa el-Attarine, de modestes dimensions mais véritable sommet de l'art mérinide, avec ses gracieuses colonnes de marbre et d'albâtre. La mosquée Karaouiyine, réservée à la pratique de la foi et donc fermée aux non-musulmans, recèle les plus beaux vestiges de la période idrisside. Mais Fès possède aussi une âme typiquement commerciale. On la ressent chaque jour dans le souk, où le dédale des venelles se transforme en une fourmilière grouillante d'acheteurs, de vendeurs, de gens affairés. Des transactions, même les plus menues, et des interminables marchandages émanent poésie et artifice. Aux alentours immédiats de l'oued Fès se trouve le quartier des tanneurs. En montant sur la terrasse de l'un des ateliers, on peut observer les différentes phases du travail accompli et assister à un étonnant spectacle: les artisans plongent les peaux dans des cuves de teinture se succédant à l'infini et revêtant toutes les tonalités du rouge et du fauve. Cette explosion chromatique s'accompagne, malheureusement, d'une insupportable puanteur, à laquelle seul le brin de menthe que l'on offre traditionnellement aux visiteurs permet de se soustraire.

MEKNÈS,
LE RÊVE
DE MOULAY ISMAÏL

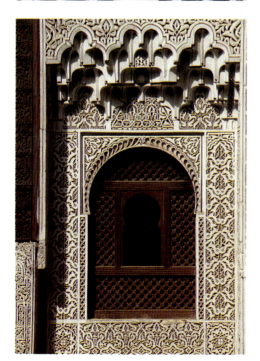

Non loin de Fès, au pied des ultimes contreforts septentrionaux du Moyen Atlas, voici Meknès : le rêve impérial des Almoravides. C'est néanmoins Moulay Ismaïl qui, au XVIIe siècle, grâce à l'emploi de plus de 30 000 esclaves, fera de cette ville l'une des plus belles cités d'art du pays. Séparée aujourd'hui en deux par l'oued Boufekrane, Meknès offre, à l'est, les quartiers modernes bâtis durant les dernières décennies, et à l'ouest, la médina et la ville impériale aux multiples joyaux. Cernée de bastions qui s'étirent sur 40 kilomètres et s'ordonnent sur trois niveaux, elle s'ouvre sur l'intérieur par une série de portes monumentales : Bab el-Berdaïne, Bab el-Khemis et la splendide Bab Mansour, dont la façade est ornée d'un entrelacs

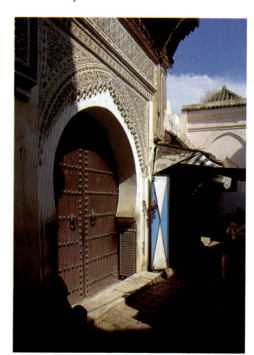

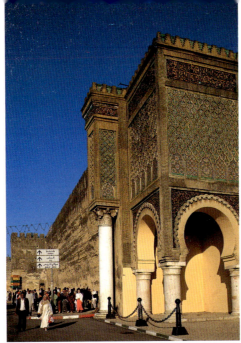

107 EN HAUT
À GAUCHE
Bab Mansour
constitue sans aucun
doute la plus belle
et la plus
impressionnante
porte d'entrée
de la ville. Tournée
vers la place,
la façade s'orne
de superbes bas-reliefs
et de mosaïques
colorées. Autrefois,
les têtes des condamnés
à la peine capitale
étaient exposées
devant elle.

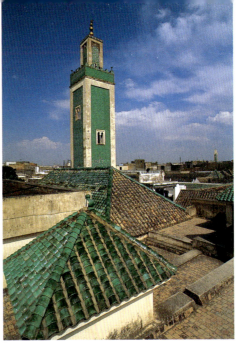

107 EN HAUT
À DROITE
On voit ici les toits
vert émeraude et
le minaret de la
médersa Bou Inania,
la plus importante
de Meknès. L'édifice
reproduit le plan
classique des écoles
coraniques: une vaste
cour centrale
entourée, sur trois
côtés, d'une galerie
à étage affecté
au logement
des étudiants.

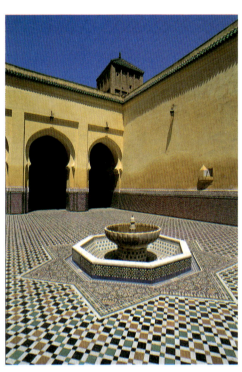

décoratif sur fond de céramique et ponctuée de ravissantes mosaïques à dominante verte. La médina permet d'accéder à la ville impériale. Il ne subsiste de cette dernière que des ruines, mais d'une telle majesté que l'on saisit parfaitement le dessein politique, militaire et religieux de Moulay Ismaïl. Si l'on en croit les chroniqueurs de l'époque, l'ensemble comptait plus de cinquante grands édifices, de nombreuses mosquées, une écurie abritant 20 000 chevaux, et même une distillerie de parfums. On peut admirer aujourd'hui des murs, des arcs et de gigantesques vestiges de pavillons immenses. Le Dar el-Ma, l'imposant bâtiment des greniers royaux, retient tout particulièrement l'attention. Moulay Ismaïl vivait dans la hantise du siège, et la structure devait être en mesure de conserver des denrées pour plus de vingt ans. Lorsqu'on évoque ce monarque, il est toujours question de chiffres si impressionnants qu'ils semblent parfois tomber dans la légende. On raconte, par exemple, que les débuts de son règne furent salués par l'exposition, à Fès, de 700 têtes de prisonniers décapités et qu'au cours de son existence, il aurait été le commanditaire, voire l'auteur direct, de plus de 30 000 homicides. Toujours est-il que ce qui reste des entrepôts de grains a de quoi surprendre : des piliers énormes, des murs de 7 mètres d'épaisseur, des puits de 40 mètres de profondeur. Le tout pour garantir une température fraîche et constante, indispensable à la conservation des réserves. Derrière ce

bâtiment s'élève un édifice, désormais privé de couverture, composé de vingt-trois nefs et d'immenses piliers, qui produisent un effet d'optique très suggestif. Version maghrébine du labyrinthe mythique. Le légendaire Moulay Ismaïl repose dans un mausolée d'un extrême raffinement. L'ouvrage abrite, sous une élégante coupole intérieure, l'intime chambre funéraire ainsi que plusieurs salles à ciel ouvert.

110 EN HAUT
*La porte Bab Rhemat
marque l'entrée est
de la médina: c'est
par cette ouverture
percée dans les
remparts que
les Almohades
conquirent la ville
en 1147. À
l'extérieur débute
la route qui mène
à Ouarzazate et
aux villages du
versant septentrional
du Haut Atlas.*

110 EN BAS
*On ignore le nom
de l'architecte
qui conçut le palais
El-Badi; il est sûr,
en revanche, que
des artistes et
une main-d'œuvre
spécialisée provenant
de toute l'Afrique
du Nord et
même d'Europe
participèrent
à sa construction.*

MARRAKECH, LA PORTE DU DÉSERT

*110-111 Les remparts
qui entourent la
médina de Marrakech
se déroulent sur
12 kilomètres et
datent de la dynastie
almoravide. Noter,*
*à l'arrière-plan,
la palmeraie qui
formait autrefois
la grande oasis
au sein de laquelle
la ville est née.*

À 60 kilomètres seulement des cimes du Haut Atlas qui l'encadrent dans le lointain, Marrakech constitue le centre le plus prestigieux du Sud marocain. Porte du désert et cité au charme envoûtant, elle a donné son nom au pays. Fondée par les Almoravides en 1062, capitale des Almohades à partir de 1150, elle connut un nouvel âge d'or sous le règne des Saadiens. Au milieu du XVIᵉ siècle, Marrakech représente le passage obligé du commerce de l'or et des esclaves avec Tombouctou et l'Afrique occidentale. La ville a aujourd'hui deux âmes: celle, historique, de la médina entourée de murailles, la plus grande du pays après celle de Fès; et celle, moderne, presque aseptisée, de la ville nouvelle. Tout autour s'étend une oasis plantée de 150 000 palmiers dattiers. C'est à Marrakech que se respire l'atmosphère traditionnelle du Maroc, extraordinairement conditionnée par les montagnes et le désert, solidement ancrée dans le négoce et les coutumes de ses habitants. À l'intérieur des remparts s'élèvent des édifices d'une grande beauté, qui incarnent le résultat tangible d'une histoire millénaire. La mosquée de la Koutoubia, une merveille subdivisée en dix-sept nefs et dont le minaret atteint 69 mètres de haut, ravit par l'équilibre de ses formes et l'élégance de son décor. Le palais El-Badi (XVIᵉ siècle) nécessita vingt-cinq années de travail et l'emploi de matériaux précieux en provenance de l'Afrique noire, de l'Inde, mais aussi d'Europe (Italie, France et

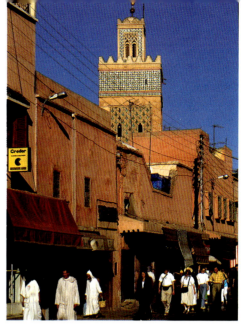

*111 EN HAUT
À GAUCHE
Bien qu'elles aient
été édifiées il y a
900 ans, la muraille
de Marrakech et ses
nombreuses portes
sont bien conservées.*

*111 EN HAUT
À DROITE
Le précieux minaret
orné d'arabesques
sur fond émaillé
de la mosquée de
la casbah, appelée
aussi mosquée
« des pommes d'or ».*

112 EN HAUT
Entrée du palais
royal de Marrakech,
où le souverain
réside lors de ses
visites. Érigé au
XIIᵉ siècle, il fut
plusieurs fois rebâti
par les dynasties
qui se succédèrent
par la suite; c'est
dans ses salles que
le Chah d'Iran passa
une partie de son exil.

112 AU CENTRE
ET 113 EN BAS
Ces détails des portes
du palais de la Bahia
permettent d'observer
le style orientalisant
des motifs
ornementaux.
L'intérieur fastueux
reflète le caractère,
mais aussi les excès,
des solutions
architecturales
adoptées au début
du XXᵉ siècle.

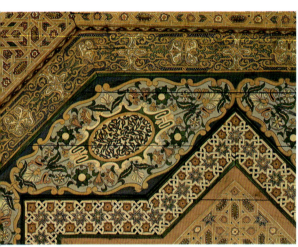

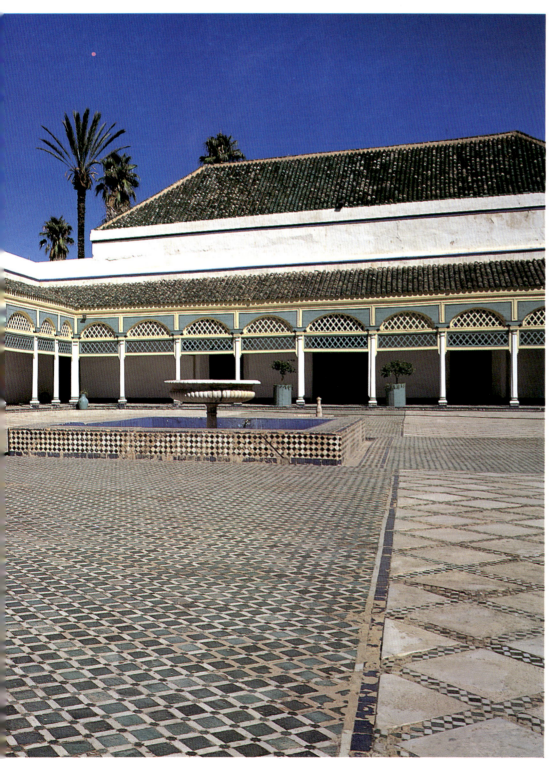

Espagne). La légende veut que le marbre de Carrare ait été échangé contre un poids équivalent de sucre. De ce gigantesque ouvrage, qui comptait à l'origine 370 pièces, il ne subsiste aujourd'hui que de superbes ruines. Chaque année, au mois de juin, il accueille le splendide Festival national du folklore. Le magnifique palais de la Bahia, quant à lui, date de la fin du XIXᵉ siècle. Les 8 hectares d'appartements luxueux, bâtis sur un seul niveau, devaient permettre à leur propriétaire, obèse et de petite taille, de se déplacer le plus aisément possible. La médersa Ben Youssef bénéficie d'une architecture très ouvragée d'inspiration andalouse, avec de magnifiques décorations stuquées et mosaïquées, en marbre et en bois de cèdre. Près de la mosquée de la Casbah,

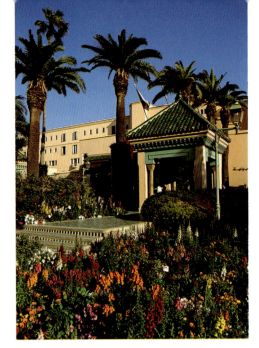

114 EN HAUT À GAUCHE ET À DROITE L'un des plus prestigieux palaces du monde, La Mamounia, entièrement rénové en 1986, est entouré d'un parc de treize hectares. Winston Churchill estimait qu'il offrait le cadre idéal pour donner libre cours à sa passion pour la

peinture. Le nom de l'hôtel vient de Mamoun, fils du sultan Sidi Mohammed ben Abdallah.

114-115 La vaste cour de la médersa Ben Youssef a son centre occupé par un bassin destiné aux ablutions. On admirera tout particulièrement les arcs décorés et le soubassement des murs tapissé de zelliges, tandis que le haut s'agrémente de motifs ornementaux en plâtre ciselé.

dont l'immense façade s'orne de créneaux et de merlons, se trouvent les fascinants tombeaux saadiens. La nécropole renferme les sarcophages des treize souverains de la dynastie. La délicatesse des motifs ornementaux et l'harmonie de la structure architecturale en font un chef-d'œuvre de l'art funéraire. Parmi les somptueux édifices de Marrakech, l'hôtel de La Mamounia est le plus récent (1923) et déploie un faste d'une autre époque. Sur le livre d'or de l'établissement se côtoient les signatures de Winston Churchill, Orson Welles, Rita Hayworth et Richard Nixon. Mais la véritable atmosphère de Marrakech se respire dans les souks à l'animation intense, héritiers bien vivants d'un extraordinaire passé commercial,

115 À GAUCHE Salle de prière de la médersa Ben Youssef, la plus grande école coranique de l'ensemble du Maghreb. Noter les colonnes en marbre qui évoquent, par leurs décors, les origines et la gloire du fondateur.

115 À DROITE EN HAUT Les tombeaux des souverains saadiens furent érigés entre 1590 et 1600; plus tard, Moulay Ismaïl les enferma dans une haute enceinte afin d'effacer toute trace de la dynastie. Il faudra attendre 1917 pour que la nécropole, composée de deux mausolées, soit de nouveau offerte à l'admiration du public.

115 À DROITE EN BAS L'intérieur des tombeaux saadiens s'enrichit de mosaïques, de fresques et de bois de cèdre sculpté. C'est là que reposent les dépouilles de quatre sultans et de soixante-deux membres de la famille royale.

116 À GAUCHE
EN HAUT
Les échoppes
caractéristiques de
la place Jemaa el-Fna
proposent les plats
les plus populaires
de la gastronomie
marocaine, qui
se consomment
traditionnellement
debout. La fumée
des marchands plonge
la place dans un
lourd nuage d'arômes
épicés.

116 À GAUCHE
AU MILIEU
Le souk de Marrakech
est sans aucun doute
le plus grand de tout
le pays: un réseau
complexe de venelles
et de boutiques où on
se laissera étourdir
par la variété des
marchandises
exposées. On y
trouvera le meilleur
de l'artisanat,
de l'orfèvrerie et
de la gastronomie
marocaine.

116 À GAUCHE
EN BAS
Un marchand d'olives
expose ses produits
dans de gros bocaux
et dans les
traditionnels
récipients en terre
cuite. Le marché de
Marrakech est depuis
des siècles l'un des
plus fournis du pays,
grâce à la position
commerciale
de la ville.

et sur la très centrale place Jemaa el-Fna. Lieu de rendez-vous et de passage des paysans et des marchands, elle vibre d'une activité constante et fébrile qui se consume l'après-midi et au coucher du soleil. Les affaires cèdent alors le pas à l'ensorcellement, quand la place devient le royaume des musiciens de rue, des guérisseurs, des jongleurs et des chanteurs ambulants. Juste en dehors de la ville, dans la nouvelle zone résidentielle, le jardin de la Ménara est un prodige de fraîcheur et de quiétude, alimenté par le grand bassin artificiel que firent construire les Almohades.

116 À DROITE
EN BAS
Le souk des teinturiers
rassemble de
nombreux ateliers
familiaux. La
production des tissus
locaux aux couleurs
particulièrement
vives s'effectue encore
maintenant selon
des techniques
anciennes, transmises
de père en fils.

116-117 La place Jemaa el-Fna constitue le cœur de la ville; elle accueille chaque soir un grand spectacle en plein air. Des dizaines de petites échoppes dispensent nourriture et musique, tandis que des artistes, des bateleurs et des avaleurs de feu se livrent à leurs fascinantes exhibitions.

117 EN HAUT Le grand bassin du jardin de la Ménara (XIIᵉ siècle) fut réalisé sur l'ordre des sultans de la dynastie almohade. Tout autour s'étend un immense jardin où la culture de l'olivier prédomine.

CHEFCHAOUEN, L'ESPRIT ANDALOU

*118 EN BAS
Les jardins
de la casbah
de Chefchaouen,
aménagés dans
un délicat style
andalou, dégagent
une atmosphère
de sérénité et de
quiétude en dépit
des édifices austères,
utilisés comme prison,
qui les entourent.*

*118-119 Chefchaouen
jouit d'une position
géographique enviable.
Cette cité marocaine*

*est l'une de celles
à avoir subi le
moins d'invasions
et d'influences
européennes.
Noter l'éblouissante
blancheur de
sa médina.*

*119 EN HAUT
Voici deux aperçus
de l'élégante place
Uta el-Hammam,
derrière laquelle
se dressent les murs
rougeâtres de la
casbah. Ses bâtiments
sont devenus au fil*

*du temps de petits
hôtels, des restaurants
et des cafés: le cœur
d'une «ville
interdite»,
aujourd'hui
ouverte aux visiteurs
et aux touristes.*

*119 À DROITE
Les maisons typiques
de la médina de
Chefchaouen allient
la couleur blanche
de la chaux et
des peintures
aux délicates tonalités
bleues et mauves.*

*Ces habitations
de style andalou
s'ornent souvent de
balcons en fer forgé,
d'anciennes portes
sculptées et de
corniches raffinées,
savamment modelées.
Pavées de galets, les
ruelles panoramiques
ne cessent de monter
et de descendre
en contribuant
au charme d'un
centre historique
à la beauté intacte.*

La visite des villes principales, évoquées ci-dessus, s'impose. Toutefois, une exploration plus approfondie du territoire réserve d'intéressantes surprises. Au nord, abritée par les hautes cimes du djebel Kelaa et du djebel Meggou, Chefchaouen fut fondée en 1471 par les exilés andalous. Fortement liée à l'islam, la cité a toujours résisté avec fierté à la pénétration européenne et demeura «interdite» aux non-musulmans jusqu'en 1920. La tradition veut que les nombreuses sources locales soient un ancien cadeau d'Allah aux habitants. Il est certain que la fertilité de ces vallées a de tout temps facilité l'agriculture et le commerce.

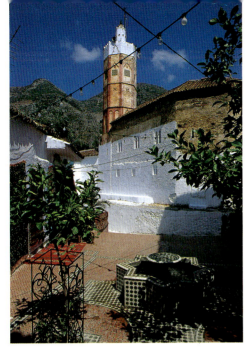

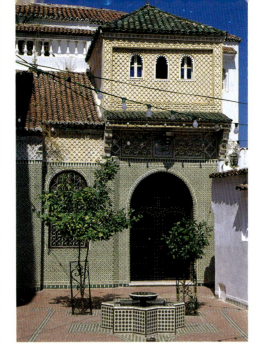

La médina se déploie en un lacis de ruelles et, avec ses maisons aux toits blancs et bleus, domine le paysage environnant. Somptueusement bordée d'arbres, la place Uta el-Hammam constitue le pivot du centre historique. Ses cafés caractéristiques représentent le cœur de la vie citadine. Loin du centre, la mosquée Moulay Ali ben Rachid s'élève au sein d'un petit parc. Il s'agit d'un monument funéraire érigé à la mémoire du fondateur, le chérif qui bâtit Chefchaouen pour empêcher l'invasion espagnole et portugaise du Maroc.

OUARZAZATE,
TELOUÈT ET AGADIR,
ENTRE DÉSERT ET MER

P assé Marrakech, le sud du pays abrite d'autres merveilles, peut-être moins connues mais tout aussi fascinantes. Ouarzazate a un corps moderne et une âme antique. Fondée en 1928 par la Légion étrangère, elle se situe sur un haut plateau aux confins du Sahara. À environ 1,5 km du centre, la casbah de Taourirt, où Bernardo Bertolucci tourna quelques scènes de *Thé au Sahara*, dégage un charme austère. Dans la même région se trouve la petite ville de Telouèt, dominée par la majesté d'une casbah berbère qui n'est malheureusement qu'en partie restaurée. À la fois forteresse et village, le groupe d'édifices renferme des décorations, des chapiteaux et des plafonds d'un raffinement extrême, souvenirs du fort pouvoir local des caïds glaoua, historiquement favorisé par l'importance stratégique des lieux. Au début du siècle dernier, les seigneurs de Telouèt contrôlaient encore, avec la complaisance des Français, de vastes territoires dans le Sud marocain.

Un peu plus bas, sur le front atlantique, Agadir plonge le visiteur dans une autre dimension. Son immense plage et ses grands hôtels de type international sont les garants d'un séjour balnéaire où soleil et mer règnent en maîtres absolus. La vieille ville fut entièrement rasée lors d'un catastrophique tremblement de terre en 1960, et les travaux de reconstruction s'effectuèrent selon des normes antisismiques très strictes. Si l'ancien charme s'évanouit ainsi pour toujours, les nouveaux bâtiments contribuèrent au fulgurant essor du tourisme côtier. Agadir constitue aujourd'hui la vitrine la plus moderne et la plus commerciale d'un grand empire au cœur antique.

CHEZ LES NOMADES ET LES CAVALIERS, LE TEMPS S'ÉCOULE LENTEMENT

122 À GAUCHE EN BAS
Les « marchés des fiancées » du Haut Atlas, comme de beaucoup d'autres zones rurales, proposent des bijoux et des vêtements pour les cérémonies qui précèdent les noces : ces articles figurent parmi les plus raffinés et les plus précieux de l'artisanat marocain.

123 À GAUCHE
Cette jeune femme voilée a été prise en photo lors d'un moussem, l'une des fêtes qui célèbrent les saints musulmans liés à une ville ou à un territoire déterminé. Les habits de cérémonie des femmes marocaines comptent parmi les plus achevés de toute l'Afrique du Nord.

Connaître les traditions du Maroc revient à connaître son peuple. Tribus et ethnies composent une mosaïque fascinante, un monde né berbère pour devenir arabe. Mais également un univers où l'Europe et ses populations ont imprimé leur marque, car le Maroc est le fruit d'une géographie ouverte, qui semble conçue pour rassembler et non pour diviser. Aujourd'hui, plus que d'ethnies on peut parler de souches, de coutumes et d'usages, davantage présents dans telle ou telle autre partie du pays où prédominent les traces d'un groupe qui n'existe presque plus « à l'état pur », mais qui s'avère encore bien vivant dans les traditions et les souvenirs. Premiers maîtres de maison, les Berbères ont laissé une profonde empreinte linguistique, vraisemblablement encore majoritaire. Car si tous les Marocains connaissent l'arabe, il n'en est pas moins vrai que plus de la moitié d'entre eux savent, et parlent en privé, un dialecte d'origine berbère. Ce pourcentage augmente sensiblement dès que l'on s'éloigne de la côte pour progresser vers l'intérieur des terres, à la lisière du désert et sur les pentes des chaînes montagneuses. Il existe trois dialectes berbères, qui correspondent à autant de groupes historiques, directement liés aux dynasties qui dominèrent le pays. Les Chleuh, qui parlent le tachelhit, sont les plus nombreux. Agriculteurs et, dans une moindre mesure, pasteurs, ils occupent le Haut Atlas occidental et l'Anti-Atlas, le Sous et les vallées du Drâa et du Dadès. Orfèvres

de très grande valeur, certaines familles chleuh se sont rendues célèbres par leur travail de l'argent. Cette ethnie dérive du peuple Masmouda et a donné naissance à la dynastie almohade. Viennent ensuite, par ordre de diffusion décroissante, les Berabers établis dans le Moyen et le Haut Atlas. Essentiellement pasteurs et semi-nomades, ils passent l'hiver dans les vallées puis, au printemps et en été, suivent les troupeaux dans les pâturages de montagne. Ils vivent dans les *khaïmas*, les tentes traditionnelles en peau de chèvre. Les Berabers descendent des Zenaga, à l'origine de la dynastie des Almoravides. Les Kabyles constituent le troisième groupe et résident dans la chaîne montagneuse du Rif, où ils se consacrent à l'agriculture et à l'élevage. Arborant avec fierté un teint clair, des yeux bleus et des cheveux blonds, cette souche a engendré la dynastie mérinide. Bien que la langue et la situation géographique diffèrent, l'organisation sociale des trois groupes demeure commune. Le noyau de base équivaut à la famille, toujours dirigée par le sujet le plus âgé. L'union de plusieurs cellules familiales constitue un clan, ou *fekhda*. Les décisions sont prises par l'assemblée des hommes (*djemaâ*), qui élit périodiquement un chef (*amghar*). Les tribus comprennent plusieurs clans ayant la même origine parentale. Aujourd'hui, le Maroc compte environ 300 tribus, qui dépassent rarement 100 000 membres. Les tribus touareg revêtent un caractère spécifique par leur histoire et leur mode de vie. Sur le plan ethnique, les

122 À GAUCHE EN HAUT
Une femme Berbère se voile le visage pour se soustraire à l'objectif de l'appareil photo.

Selon les règles islamiques, on ne peut photographier une femme qu'après en avoir demandé la permission à son père ou à son mari.

Le tatouage provisoire au *harqous* est une tradition typiquement berbère. Pour obtenir un net contraste avec la peau du visage et des mains, on préfère le noir, issu de la combustion de différentes épices.

Ce Berbère de Merzouga, au cœur d'une oasis du Sahara marocain, a le visage recouvert d'un foulard blanc, en guise de protection contre le vent, et porte la *taqiya*, couvre-chef à calotte qui retombe sur les côtés.

124 À GAUCHE ET À DROITE EN HAUT Drapées dans les couleurs bleu et indigo typiques, les femmes Touareg sont réputées pour leur beauté. Grandes et élancées, elles ont un port royal que célèbrent nombre de récits de voyages et de romans; leur charme mystérieux a séduit des générations d'écrivains occidentaux.

124-125 Un groupe de Touareg observe, du haut d'un rocher, le déroulement d'une fête dans une oasis du Sahara marocain. Le principal moussem de la tribu des Reguibate a lieu chaque année à Guelmim, au début du mois de juin.

Touareg appartiennent à la souche des Berbères, dont ils parlent la langue bien qu'ils aient, par ailleurs, une forme d'écriture propre. Ils occupent l'extrême sud du pays, où le Sahara marocain confine avec l'Algérie et la Mauritanie. Nomades par choix, ils sont désignés sous le terme de Reguibate, ou «hommes bleus», en raison de la couleur de leurs habits, mais aussi parce qu'ils se teignent les mains et le visage avec de l'indigo. Cette teinture sert à protéger les parties du corps exposées au soleil, au vent et aux insectes, mais également à chasser le malheur et les esprits malins.

Les Touareg vivent en étroite symbiose avec un milieu sauvage et difficile qu'ils connaissent dans ses moindres détails. Les sables et les silences du Sahara ont contribué à forger leur esprit fier et rebelle, rétif à toute règle ou forme d'emprisonnement. Pillards et commerçants sur les routes du désert, ils ont vu leur existence mise en péril par la modernité. Déjà entamé par le déclin de l'ère des grandes caravanes et du trafic des chameaux, leur rayon d'action a encore été réduit par l'interminable conflit entre le Maroc et le Front Polisario. Dans un monde qui ne leur réserve apparemment aucun avenir, on peut les rencontrer, toujours aussi solennels, au célèbre marché de Guelmim, l'avant-poste extrême d'une activité économique placée sous le signe de la dignité. Mais pas question de se rendre à la civilisation: les derniers poètes du désert entretiennent l'orgueil d'une race antique qu'aucun empire n'a jamais réussi à dompter.

Chez les Berbères, la femme jouit d'une bien meilleure condition que dans le monde islamique. Il n'existe aucune obligation de porter le voile, la polygamie n'est pas pratiquée et l'influence des femmes sur les décisions du clan est notable. Les Berbères sont musulmans, même si certains rites très anciens ont perduré, surtout dans les tribus les plus éloignées des grands centres urbains. La religion islamique commune et la fusion entre les principaux groupes ethniques font du Maroc une nation globalement tolérante et ouverte à la cohabitation des différentes cultures.

125 EN HAUT
Les interminables dunes de Merzouga constituent le milieu naturel des «hommes bleus». Réduite à quelques milliers d'individus, cette ethnie d'origine berbère frappe les esprits par son aptitude à maintenir intacts des traditions et des modes de vie très anciens.

126 EN HAUT
La musique berbère repose essentiellement sur l'emploi massif des tambours, dont les formes diffèrent en fonction de la région. Les instruments à vent jouent en effet un rôle secondaire et se contentent d'accompagner le rythme des percussions.

126-127 La danse représente une composante primordiale des fêtes traditionnelles marocaines et renvoie la plupart du temps à la culture berbère. Durant ces spectacles, la disposition des hommes et des femmes en cercle, avec les musiciens au milieu, constitue l'une des chorégraphies les plus courantes.

Environ la moitié de la population marocaine est de langue maternelle arabe, et la culture arabe prédomine. Il ne s'agit pas, en réalité, d'un groupe ethnique unitaire, dans la mesure où il descend en majorité de la souche berbère originelle qui, après un mélange de sangs, a adopté les us et coutumes de cette communauté. Le groupe arabe le plus homogène réside le long de la côte, dans les plaines et dans la région saharienne. Au sein de cette ethnie, le courant andalou issu des morisques chassés après la libération de la péninsule Ibérique s'avère très fort. Leur arrivée au Maroc remonte à la période comprise entre 1492 et 1614. Héritiers de la première expansion islamique vers l'Ouest nord-africain, les Arabes des tri-

bus nomades ont quant à eux une origine plus ancienne.

Mais la carte ethnique du Maroc comprend également des Harratine et des Juifs. Les premiers sont des Noirs d'Afrique qui arrivèrent dans le sud du pays en tant qu'esclaves à l'époque de la dynastie saadienne d'Ahmed el-Mansour. En dépit de leur position traditionnellement assez basse dans la pyramide sociale, ils sont respectés pour leurs présumés pouvoirs magiques et thaumaturgiques. On les rencontre souvent sur les marchés du Sud, en particulier à Marrakech où ils s'exhibent en public par des chants, des danses et des rites propitiatoires. Autrefois nombreux, les Juifs constituent désormais une minorité restreinte. Leur présence au Maroc date de 70 apr. J.-C., quand ils gagnèrent le pays après la destruction du Temple de Jérusalem. Le patrimoine folklorique du Maroc, symboliquement fondé sur des éléments aussi bien arabes que berbères, est d'une richesse remarquable. La musique classique andalouse, dont les principaux foyers se situent à Fès, Tétouan et Rabat, repose sur des instruments de la zone méditerranéenne comme le luth, la mandoline et la flûte. Les rythmes berbères, en revanche, se caractérisent par les instruments à percussion et par les danses. Il s'agit de sons ancestraux, à la sensualité rituelle, en harmonie parfaite avec le mouvement chorégraphique des corps.

Les instruments typiques accompagnent les nombreuses fêtes tradition-

127 EN HAUT
Le moussem *de Fès rend hommage à Moulay Idriss, le fondateur de la ville. La fête, qui est la plus populaire de l'année, suit le calendrier islamique et se déroule fin août ou début septembre.*

127 À DROITE ET EN BAS
Se couvrir la tête est une tradition commune à tous les hommes et femmes du Maghreb. L'usage du couvre-chef ne répond pas seulement à des impératifs religieux: les blancs tissus de coton protègent du soleil et du vent, en faisant de plus écran au sable.

nelles marocaines. Celles-ci se divisent essentiellement en quatre catégories : les fêtes islamiques, qui suivent le calendrier religieux ; les fêtes familiales ; les *moussems*, célébrations régionales en l'honneur des saints, ou « marabouts » ; enfin, les fêtes locales, manifestations laïques qui renvoient à des événements historiques ou à la période des récoltes. Parmi les festivités religieuses les plus courantes figurent le ramadan, qui se caractérise par un jeûne diurne et de joyeux banquets nocturnes ; le 1er *muharram,* le Nouvel An musulman ;

128 EN HAUT
Célébration de noces à Merzouga, avec la réception typique sous les tentes en bordure du désert. Les mariages sont l'affaire de la communauté : les invités se pressent parfois par centaines, et il n'est pas rare que les parents des époux s'endettent pour garantir à la cérémonie le faste requis par la tradition.

le *mouloud*, qui commémore la naissance du Prophète, et *l'aïd el-Kébir,* la « grande fête des moutons », sans aucun doute la plus importante du monde musulman. À cette occasion, chaque famille pratiquante tue, puis fait cuire un mouton en souvenir du sacrifice d'Isaac par Abraham. Les fêtes familiales, qui réunissent un grand nombre de personnes, regroupent les mariages, souvent d'un faste incroyable, les naissances et les circoncisions d'enfants, outre les enterrements, qui sont généralement suivis d'un repas rituel. Les principaux

moussems rappellent Idriss Ier à Moulay-Idriss, Sidi Mohammed ben Aïssa à Meknès (avec la participation des fameux derviches tourneurs), et Moulay Bouchta à Fès el-1Bali (où la fête s'accompagne de magnifiques spectacles équestres). Le plus important *moussem* touareg se tient à Guelmim et coïncide avec la grande foire aux chameaux. Les fêtes locales les plus connues sont : la fête du sultan des Tolba à Fès, la procession des Cierges à Salé (en souvenir des corsaires), la fête des Olives à Ghasfaï, et celle des Roses à El-Kelâa M'Gouna. Ces manifestations fournissent l'occasion d'arborer les habits traditionnels. La tenue masculine classique comprend une ample chemise portée sur des pantalons très larges, et la djellaba, robe longue légère. Dans les régions les plus froides du pays, ou en hiver, les hommes portent un manteau à capuche. Les couvre-chefs les plus courants sont la *taqiya* (calotte enroulée sur la tête) et le turban, répandu dans les zones rurales. En ville, on porte le tarbouche, un fez le plus souvent de couleur rouge. Chez les tribus nomades du Sud, les hommes adoptent une version plus légère de la djellaba associée à une très longue écharpe, le chèche. Ces vêtements sont en principe bleu indigo, la couleur caractéristique des populations du désert. Dans les centres de dimensions modestes, les femmes s'habillent avec des pantalons bouffants et divers corsages par-dessus lesquels elles drapent un long foulard retenu à la taille par une ceinture.

128-129
ET *129* EN BAS
La fête des Roses d'El-Kelaâ M'Gouna, qui a lieu au mois de mai, est l'une des fêtes marocaines liées à l'agriculture les plus typiques. Rendue fertile par le barrage El-Mansour Eddahbi, cette partie de la vallée du Dadès abrite d'immenses et splendides roseraies qui constituent la base de l'économie locale. Pour fêter la récolte, on répand des millions de pétales et l'air se remplit du parfum caractéristique de l'eau de rose. Au cours de la journée, les groupes folkloriques exécutent des danses et entonnent des chants en l'honneur de cette fleur, symbole de toute la communauté.

Normalement, la religion islamique impose l'usage du voile. Non assujetties à cette prescription, les femmes berbères portent des bijoux en argent traditionnels et ont le visage et les mains tatoués au *harqous*. Ces éléments décoratifs sont destinés à détourner l'attention des traits du visage et à éloigner le mauvais œil. La peinture au *harqous* permet d'obtenir des résultats visuels comparables au tatouage permanent et s'exécute à l'occasion de fêtes publiques ou privées. Ce sont d'ordinaire les femmes les plus âgées qui ornent les plus jeunes de motifs géométriques raffinés et compliqués. Le produit utilisé résulte de la combustion de noix de galle, de charbon de bois, d'huile et d'épices qui permet d'extraire un noir de fumée qui s'applique facilement à l'aide de fines baguettes en bois. Aussi bien les hommes que les femmes chaussent les traditionnelles babouches, d'élégantes pantoufles à bout arrondi.

Autrefois, les couleurs et le type de vêtement, ainsi que les tatouages et les bijoux, permettaient de distinguer les différentes tribus. Aujourd'hui, il n'est plus possible de se livrer à des identifications précises, en dehors de certaines zones rurales, car l'usage de vêtements fabriqués en série s'est répandu. L'artisanat marocain figure parmi les plus riches de l'Afrique du Nord. Il convient de mentionner les bijoux andalous, particulièrement raffinés, mais aussi ceux en argent, plus simples et plus éclatants, réalisés par les populations berbères.

Les spectacles équestres sont sans conteste les manifestations les plus fascinantes du folklore marocain. Originaire des steppes d'Asie centrale et associé aux premiers habitants du pays, le cheval berbère a néanmoins trouvé un prodigieux rival à partir du VIIe siècle dans le pur-sang arabe, aujourd'hui l'un des symboles du Maroc. Aucune grande fête populaire ne saurait se dérouler sans fantasia. Il s'agit d'une simulation très réaliste des charges menées par la cavalerie, autrefois connue sous le nom de « Jeu du Baroud ». Le spectacle est captivant : un groupe de cavaliers, armés des traditionnels fusils à très long canon, s'élance dans un galop effréné pour ensuite s'immobiliser sur une même ligne. L'opération s'accomplit dans un synchronisme parfait, cependant qu'une rafale de tirs à blanc retentit simultanément. On assiste alors à l'expression la plus émouvante d'un ancien orgueil guerrier.

130 EN BAS
*Apogée de toute
fantasia: les fusils
des cavaliers
retentissent
dans la nuit.
L'extraordinaire
habileté technique
des cavaliers
marocains est le
fruit d'une tradition
équestre qui remonte
au Moyen Âge.*

130 EN HAUT
*La parade des
cavaliers qui précède
chaque spectacle
de fantasia permet
d'admirer des
costumes et des
harnachements de
très grande qualité.
Les selles témoignent
en particulier
d'un rare équilibre
entre des avantages
techniques, copiés
dans le monde entier,
et une beauté issue
du meilleur artisanat
marocain.*

130-131
*Les «numéros»
de la fantasia
accompagnent
souvent les* moussems.
*Parmi les principaux
rendez-vous, citons
celui d'El-Jadida,
vers la fin août,
de Fès el-Bali,
en octobre, et
de Marrakech,
au mois d'août.*

131 EN HAUT
*L'élevage des
pur-sang est
une vieille tradition
répandue dans tout
le pays. Les écuries
les plus prestigieuses
appartiennent
au roi et à
d'autres membres
de la famille royale.*

INDEX

136 Les décorations épigraphiques et les motifs que l'on peut admirer sur les murs de la cour intérieure constituent un bel exemple du style andalou voulu par le sultan Moulay Abdallah, qui revit dans l'ensemble de la construction.

L'ornementation de la médersa a largement recours aux stucs, marbres, mosaïques et bois de cèdre. Ces harmonieux ouvrages du XVIᵉ siècle sont le fruit des artisans les plus renommés de la région.